1 Rechtlicher Hinweis Fuerteventura… mal anders! Reiseführer Kompakt 2020

Von Andrea Müller

Kommentare und Fragen sind herzlich willkommen:
Andrea Müller, Calle Las Cuevas, 91 – A2
E- 35542 Punta Mujeres, Provinz Las Palmas, Lanzarote
Web: www.fuerteventura-mal-anders.de
mailto:ebook@fuerteventura-mal-anders.de
© 2020 Andrea Müller,
Coverdesign: Andrea Müller
Seitenanzahl Druckvariante: 84 Seiten
Anzahl Bilder: 18 Bilder/Karten

2 Impressum

Bibliografische Information der Deutschen Nationalbibliothek

Die Deutsche Nationalbibliothek verzeichnet diese Publikation in der Deutschen Nationalbibliografie; detaillierte bibliografische Daten sind im Internet über http://dnb.d-nb.de abrufbar

Herstellung und Verlag
BoD – Books on Deman, Norderstedt

ISBN: 9783750471139

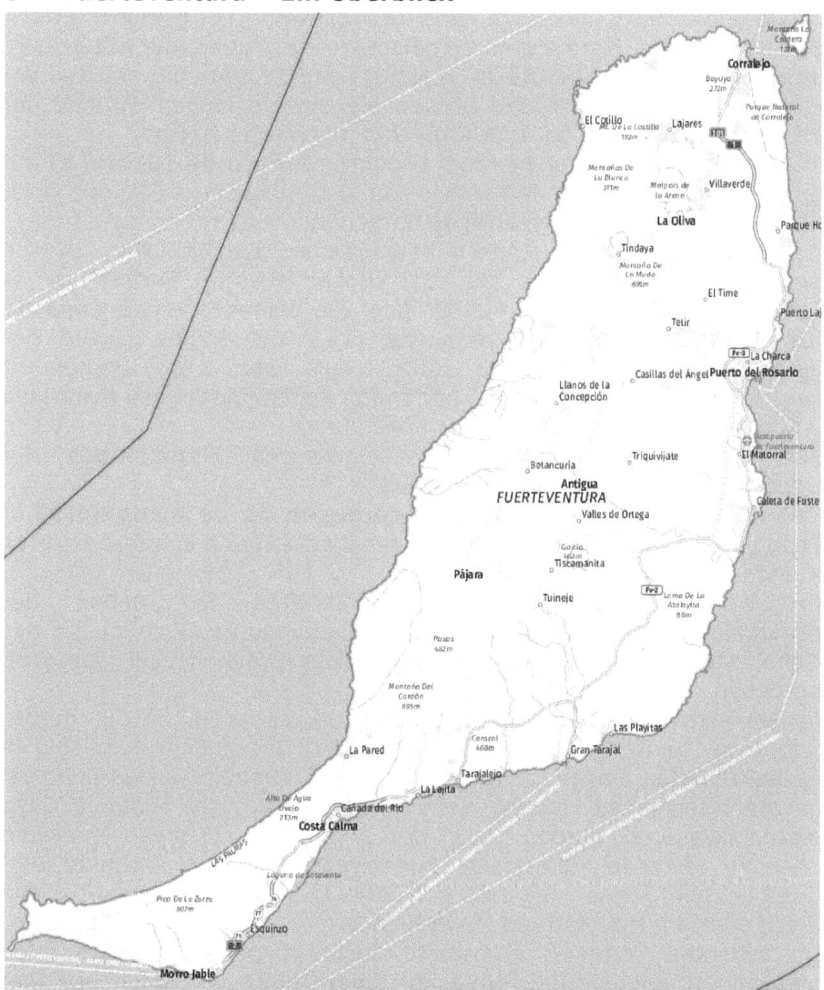

Fuerteventura… mal anders! führt Sie neben unendlich langen, traumhaft schneeweißen Karibik- Stränden zu den sehenswerten Attraktionen der facettenreichen Vulkaninsel. Erkunden Sie im Norden, vom größten und lebhaftesten Ort **Corralejo[1]** mit den traumhaften Dünen, die kleine naturgeschützte **Isla Los Lobos[2]**, auf der der ehemalige Leuchtturmwärter ein kleines Restaurant betreibt und genießen Sie die traumhaften Badestrände der Playas

Grandes, die insbesondere in den Abschnitten Flag Beach, Playa Bajo Negro, Playa Moro und Playa Poris für Wassersportler geeignet sind.

Besuchen Sie im Nordwesten den Fischerort El Cotillo, der mit seinem jahrhundertealten Wehrturm Castillo de Testón die Küste vor Eindringlingen schützte und blicken Sie auf die langen Strände der Playa del Castillo, an der sich Kite- und Bodysurfer treffen.

Machen Sie einen Abstecher zum Leuchtturm **Faro de Tostón[3]** mit dem Fischereimuseum und lassen Sie sich auf keinen Fall den noch unbekannten **Popcornstrand[4]** entgehen.

Besichtigen Sie den historisch bedeutsamen Ort La Oliva, dessen Sehenswürdigkeiten wie die Pfarrkirche Nuestra Señora de la Candelaria, die Ermita de Puerto Rico, die beeindruckende **Casa de los Coroneles[5]**, das verfallene Casa del Inglés, sowie der damalige Kornspeicher La Cilla, auf das 17. Jahrhundert zurückgehen. Kunstliebhaber können im weitläufigem Casa Mané, die Werke von weit über 80 Künstlern bestaunen.

Bestaunen Sie in Tindaya die einmaligen Felsritzungen der Ureinwohner im Casa Alta de Tindaya.

Tauchen Sie im Freilichtmuseum **Ecomuseo de La Alcogida[6]** in Tefía in das traditionelle Landleben der Insel ein und erwerben echtes Kunsthandwerk direkt vor Ort.

Im wenig besuchten Ort Tetír treffen Sie neben der denkmalgeschützten Pfarrkirche Santo Domingo de Guzman auf das Gofio- Museum, das vom letzten aktiven Gofio- Müller der Welt betrieben wird.

In der Inselhauptstadt Puerto del Rosario, erwartet Sie das größte Shopping- Center Fuerteventuras Las Rotondas, indem ausgiebig in Fachgeschäften eingekauft werden kann. Erkunden Sie das Zentrum mit der Pfarrkirche Nuestra Señora del Rosario, das Museum Casa Museo Unamuno, kaufen Sie in den Markthallen Mercado Municipal oder im Mercado Agrario de Fuerteventura lokale Produkte ein. Anschließend gönnen Sie sich ein Sonnenbad am Stadtstrand Playa Chica oder am Hauptstrand Playa Blanca.

Im beliebten Ferienort Caleta de Fustes genießen Sie am flach abfallenden Sandstrand **Playa de Castillo[7]** den Blick auf den Jachthafen. Schlendern Sie an der langen Promenade an historischen Kalköfen vorbei und machen Sie sich zum Shopping- Center Centro Comercial Atlantico auf. Zudem lässt der beliebte Afrika- Markt weitere Einkaufsmöglichkeiten zu.

Erkunden Sie die historischen **Salinas del Carmen[8]** mit dem Museo de La Sal, in denen bis zum Jahr 1980 aktiv Salz gewonnen wurde.

Treffen Sie im Zentrum Fuerteventuras auf noch mehr Inselgeschichte: Bei einer Stadtführung durch La Ampuyenta sehen Sie die kleine, aber imposante Ermita de San Pedro de Alcántara und erfahren im Haus Casa Museo Dr. Mena, sowie in der Einsiedlerei von Fray Andresito alle Einzelheiten.

Begeben Sie sich im verschlafenen Antigua zur Windmühle Molino de Antigua mit dem interessanten Käsereimuseum **Museo de Queso Majorero[9]**.

Unbedingt sollten Sie in Tuineje halten, um in der Kirche San Miguel Arcángel die Altarbilder zur bedeutenden Schlacht am Tamasite zu sehen.

Besuchen Sie in Pájara die eindrucksvolle Pfarrkirche Nuestra Señora de la Regla, vor der eine Noria, ein restauriertes Wasserschöpfrad, das von einem Esel angetrieben wird, steht.

Fahren Sie an die schroffe Küste von Ajuy mit dem tiefschwarzen Strand der Toten, der **Playa de Los Muertos[10]** und erkunden Sie entlang der Meersklippen die Kalkbrennöfen, sowie die tiefen Grotten Cuevas, die als Piratenversteck dienten.

In der ehemaligen Inselhauptstadt **Betancuria[11]**, die seit diesem Jahr zu den schönsten Dörfern Spaniens gehört, sollten Sie neben einem Stadtrundgang die Kirche Nuestra Señora de la Concepción mit dem angeschlossenen Museum für sakrale Kunst und die Klosterruinen des Convento de San Buenaventura mit der Ermita San Diego, besichtigen.

Blicken Sie vom 645 m hohen Aussichtspunkt Mirador de Morro Velosa auf die wüstenartige Landschaft der Insel. Unbedingt müssen Sie Selfies am **Mirador de Guise y Ayose[12]** mit den 4,50 m hohen Statuen der ehemaligen Inselkönige machen.

Wie alte Windmühlen auf der Insel funktionieren, erleben Sie im kleinen Museum Centro de Interpretación de Molinos in Tiscamanita.

Bei einem Abstecher zur Käserei Quesos de Belido können Sie sogar gefüllte Gofio- Kekse kaufen.

Durchqueren Sie das unpassierbare Malpais der Ureinwohner, das mit Geröll und Lavasteinen durchsetzt ist und drehen Sie einfach in der auf Steinen aufgebauten Siedlung **La Atalayita[13]** die Zeit zurück.

Wenn Sie an der Ostküste auf die große Feriensiedlung Las Playitas mit einem dunklen, feinsandigen Sandstrand treffen, müssen Sie auf jeden Fall den einzigartigen Leuchtturm **Faro Punta de la Entallada[14]** anfahren.

In Gran Tarajal treffen Sie am feinsandigen dunklen Strand auf Einheimische, die hier wohnen und im Gaststätten- und Hotelgewerbe beschäftigt sind.

Eine fast deutsche Enklave finden Sie in Tarajalejo mit einem Hotel der spanischen R2- Gruppe und Appartements, die an der langen Promenade mit dunklem Kiesstrand entlangführt. Erwähnenswert sind die neuen 5 Skulpturen des Mareseum.

Unbedingt sollten Sie in La Lajita im riesigen **Oasis Wildlife Park[15]** einen schönen Tag verbringen, indem auch Kinder durch die beeindruckenden Shows voll auf ihre Kosten kommen.

Lassen Sie sich von dem einmaligen Kontrast einer kargen Gebirgslandschaft und einer Miniatur- Sahara beeindrucken: Erleben Sie in La Pared, an der schmalsten Stelle der Insel, dem Istmo de la Pared, eine raue Küste mit wunderschönen Buchten, blicken Sie Richtung Norden auf das große Felsentor, oder stellen Sie sich den Wellen des Atlantiks an der Playa de Viejo Rey. Besuchen Sie die preisgekrönte Käserei La Pastora, die neben Schafs- und Ziegenkäse auch Likör aus Ziegenmilch anbietet.

Fühlen Sie sich an der von Deutschen bevorzugten Costa Calma mit schöner Strandlage und Sonnengarantie wie zuhause. Shoppen Sie in den Einkaufszentren, schlendern Sie über den Afrika- Markt, oder genießen Sie neben Tapas auch die typisch deutsche Küche bei einem frisch gezapften Pils.

Ein absolutes Muss ist der über 20 km langen Strandabschnitt, der nach der Costa Calma beginnt, über Jandía Playa führt und im ehemaligen Fischerörtchen Morro Jable endet. Nehmen Sie sich eine Auszeit am schneeweißen Strand mit dem glasklaren, türkisfarbenen Meer und lassen Sie Ihre Seele einfach baumeln.

An der Playa de Sotavento bis zum Risco del Paso kommen Dank des René Egli Wind- und Kite- Surf Centers, sowohl Anfänger als auch Profis voll auf Ihre Kosten.

Baden Sie im Süden Fuerteventuras in den traumhaften Buchten der Playa de Butihondo und der Playa de Esquinzo und setzen Sie unendlich entspannende Strandspaziergange bis in den Süden der Insel nach Morro Jable fort.

Relaxen Sie an den Playas de Jandía, gehen Sie an der langen Einkaufspromenade in Jandía einkaufen und erfreuen Sie sich über den schönsten Strandabschnitt Playa del Matorral, die besonders für Kinder geeignet ist.

Machen Sie sich vom Hafenort Morro Jable zur Südspitze Fuerteventuras auf. Erreichen Sie über rucklige Vulkanpisten den verschlafen Ort Puerto de la Cruz mit dem Leuchtturm Faro de Jandía. Gelangen Sie über Serpentinen nach Cofete zu der endlos langen **Playa de Barlovento [16]** mit einer unglaublichen Brandung und besichtigen Sie die geschichtsträchtige Villa Winter, in der die Gerüchteküche brodelt.

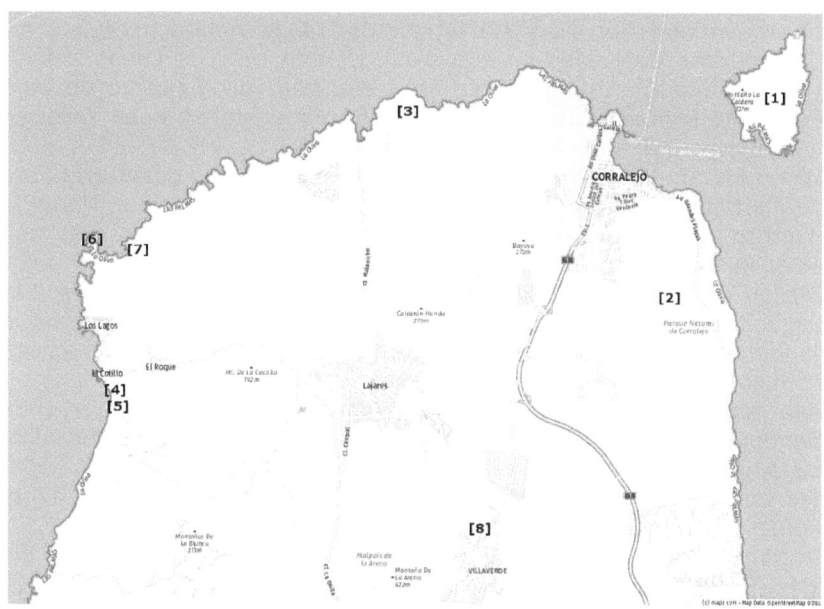

4   La Isla de Los Lobos

Die nur 6 qkm kleine Insel **Isla de Los Lobos[1]** liegt zwischen der Nachbarinsel Lanzarote und Fuerteventura in der Meeresenge von La Bocaina. Sie entstand durch einen hefigen Vulkanausbruch im Norden Fuerteventuras vor rund 6.000- 8.000 Jahren.

Dank erfolgreicher Proteste fanden weder Bausünden noch touristische Erschließungsmaßnahmen auf Los Lobos statt. Im Jahr 1982 wurde die Insel zum Naturpark Parque Natural erklärt und im Jahr 1987 in den Dünen- Nationalpark von Corralejo integriert.

Der Name leitet sich von den Mönchsrobben Lobos marineros ab, die sich im 15. Jahrhundert vor und auf der Insel tummelten. Aus Angst vor schwindenden Fischbeständen wurde die Jagd auf die Robben eröffnet, die dann innerhalb eines Jahrhunderts ausgerottet waren.

Im Jahr 1863 wurde ein Leuchtturm erbaut, der bis heute den Schiffen zwischen Lanzarote, Fuerteventura und Los Lobos den Weg weist.

Nachdem der Leuchtturm nach über hundert Jahren im Jahr 1968 automatisiert wurde, erlaubte die Inselregierung dem Leuchtturmwärter, der sonst ohne Beschäftigung gewesen wäre, ein Fischlokal im Hafen zu eröffnen, um seinen Lebensunterhalt zu bestreiten.

Im Hafen von Corralejo startet an der Mole mehrfach täglich ein Glasbottom- Boot, das bereits nach 15 min auf Los Lobos anlegt. Vom betonierten Landungssteg führt ein Weg zum Besucherzentrum Centro de Visitantes, in dem neben Informationstafeln auch Toiletten vorhanden sind.

Wenn Sie die Wanderung über die Insel in Richtung Leuchtturm Faro de Martiño starten, treffen Sie nach 10 min auf den kleinen Hafen El Puertito mit dem Restaurant des ehemaligen Leuchtturmwärters und einer Bademöglichkeit in der kristallklaren Lagune.

Dieser Weg führt an Häuserruinen zu den kleinen Lagunen Las Lagunitas weiter. Sie zeichnen sich durch Gewächse aus, die wie in Jandía in der Region von El Saladar trotz Meerwasser wachsen können.

An der brodelnden schwarzen Küste geht die anschließende Sandpiste vorbei und führt Sie zum Leuchtturm, der leider nicht zugänglich ist.

Sie folgen den Beschilderungen und können dann auf den 127 m hohen Vulkanberg Montaña Caldera in 30-60 min. klettern.

In den ausgeschilderten Salinen Las Salinas del Carmen können Sie eine Salzanlage sehen, die restauriert wurde, aber nie in Betrieb ging. Auf Ihrem Inselrundgang befindet sich kurz danach eine wohl der schönsten Badebuchten von Los Lobos, die Playa de La Calera. Hier können Sie entspannen und die Sonne in vollen Zügen genießen.

☻tägl., nach Reservierung im Internet, ①Seit Anfang 2019 gibt es nur noch beschränkte Plätze, um Los Lobos zu besuchen. Unter www.visitaislasdelobos.com müssen Sie sich kurzfristig registrieren, um die Insel besuchen zu dürfen.

5   Corralejo

Das in den 1950- Jahren noch kleine Fischernest Corralejo mit einigen winzigen Bauten und gerade einmal 200 Einwohnern mauserte sich ab dem Jahr 1968 zu einem quirligen Ferienort im Norden der Insel.

Als im Jahr 1982 die einzigartige, atemberaubende **Dünenlandschaft [2]**, die sich südlich der Stadt befindet, unter strengen Naturschutz gestellt wurde, befanden sich dort bereits 2 Hotelbunker: das RIU Tres Islas und das RIU Oliva Beach.

Durch das 20 qkm große Areal führt die schnurgerade Landstraße FV-1 zur Inselhauptstadt Puerto del Rosario.

An der Küste entstanden auf über 7 km schneeweiße traumhafte Badebuchten, die von schwarzen Lavazungen durchzogen sind. Sie entstanden durch Flugsand, der aus dem Famara- Gebiet der Nachbarinsel Lanzarote herüberwehte.

In den Folgejahren wurden für den Bau weiterer Hotels nur noch Genehmigungen außerhalb der Dünen und südlich von Corralejo erteilt. Inzwischen verzeichnet die Stadt mehr als 20.000 Gästebetten und zählt neben Caleta de Fueste in der Inselmitte und Jandía im Süden, zu den meist besuchtesten Ferienzielen der Insel.

Im Fährhafen Puerto de Corralejo starten Boote, um zur vorgelagerten Insel Los Lobos oder zur Nachbarinsel Lanzarote überzusetzen. Alternativ besteht die Möglichkeit mit den großen Fähren von Fred Olsen oder Armas nach Lanzarote zu fahren, sodass auch ein Pkw mitgenommen werden kann.

Bei klarer Sicht genießen Sie von der Promenade Punta de Corralejo, die links am Hafen entlang geht, eine schöne Aussicht auf Lanzarote und Los Lobos. Rechts vom Hafen beginnt die Strandpromenade Avenida Maritima, die an unzähligen Restaurants und Cafés, sowie kleinen Strandbuchten vorbeiführt.

Im Zentrum von Corralejo lädt die lange Avenida Nuestra Señora del Carmen zum Shopping ein. Am Ortsausgang- Richtung Hauptstrände Playas Grandes befindet sich die Villa Tabaiba Galeria de Arte. Sie ist in Privatbesitz und nur unregelmäßig geöffnet. Dennoch lohnt es sich einen Blick über die Mauer des Anwesens zu werfen, um die Kunstwerke zu bestaunen. ⌂ Avenida Grandes Playas, 125- Corralejo

An den ausgeschilderten Hauptbadeständen Playas Grandes, die vor den RIU Hotels liegen, präsentieren sich die schönen, schneeweißen Dünen und Sandstände in ihrer vollen Pracht.

Der Strand an den RIU- Hotels kann auch mit den öffentlichen Bussen oder mit dem Taxi erreicht werden, wohingegen sich für die darauffolgenden Buchten Playa Bajo Negro, Playa del Moro und Playa del Porís, die insbesondere für Kite- und Body- Surfer zu empfehlen sind, ein Mietwagen empfiehlt.

①Der Ortsname Corralejo leitet sich vom spanischen Wort "corral=Pferch" ab und beschreibt einen runden, von einer Steinmauer umgebenen Bereich, auf dem Ziegen zusammengetrieben oder gehalten wurden. Das Wort "lejos=weit weg". Somit bedeutet Corralejo, der weit entfernte Pferch.

Mercado Baku
Der Markt befindet sich am Baku-Wasserpark. Die große Produktauswahl beinhaltet überwiegend Imitate. ⊕Di+Fr 10-14 Uhr, ⌂ Avenida Nuestra Señora del Carmen, 41-35660 Corralejo

Mercado El Campanario

Der große Markt befindet sich im Centro Comercial Einkaufszentrum El Campanario. Angeboten wird einheimisches Kunsthandwerk. ☉Do+So 10-14 Uhr, ⌂Calle Hibisco,1- 35660 Corralejo, ①Während des Marktes sind die Geschäfte des Zentrums geöffnet.

6   Aqua- Wasserpark

Der über 25.000 qm große Wasserpark bietet 13 Wasserrutschen, ein Wellenbad, Jacuzzis, Kinderzonen und ein Restaurant. Liegen und Sonnenschirme sind kostenfrei. ①Öffnungszeiten und Eintrittspreise unter: www.acuawaterpark.com, ⌂Avenida Nuestra Señora del Carmen, 41- 35660 Corralejo

7   Playa de Majanicho und Popcornstrand

Es bestehen 2 Möglichkeiten die Strände zu erreichen. Zur pittoresken **Playa de Majanicho[3]** fahren Sie von Lajares aus Richtung Norden. ⌂ FV- 109> Kreisverkehr> Calle la Cancela. Mit etwas Glück sehen Sie einheimische Fischer, die ihren Fisch am Meer zum Mittagessen vorbereiten. Nun folgen Sie der unteren Sandpiste > Calle Majanicho, die nicht so ruckelig wie die obere ist. Nach ca. 10 Fahrminuten treffen Sie auf eine zusammengebretterte Strandhütte. Direkt davor befindet sich der Popcorn-Strand, der seinem Namen alle Ehre macht. Bei dem Popcorn handelt es sich um Kalkalgen, die in den Gewässern zwischen Lanzarote und Fuerteventura vorkommen. Sie entstehen in zwanzig Metern Meerestiefe und wachsen nur etwa einen Millimeter pro Jahr. Wenn sie abgestorben sind, werden sie durch die Gezeiten an die Küsten gespült, wo sie durch Erosion nach und nach zu Sand werden.

Aus Corralejo: Vom Hafen kommend, auf der Straße zum Hauptbusbahnhof Estacion de Autobuses- Avenida Juan Carlos I, befindet sich das Hotel Bristol Sunset Beach. Auf der rechten Seite steht ein Wegweiser mit den Aufschriften: Estacion de Autobuses, Playas Grandes und Majanicho→. Hier biegen Sie direkt rechts in den unscheinbaren Weg, auf dem am Beginn Autos parken, ein. Nun folgen Sie der Sandpiste Richtung Küste.

8   Lajares

Das kleine Dorf hat den Charme eines Hippie- Eldorados und ist bei Surfern auf dem Weg an die Küste nach El Cotillo ein beliebter Zwischenstopp. Im Ortszentrum findet jeden Samstag in der Zeit von

10.00-14.00 Uhr ein kleiner Hippie- Markt mit handgemachten Souvenirs statt.

Lajares wurde durch seine Kunsthandwerksschule Escuela de Artesania Canaria, die auf eine lange Tradition blickt, bekannt. Ende des 19. bis Anfang des 20. Jahrhunderts stand die von portugiesischen Einwanderern eingeführte Stickerei in voller Blüte. Rückwanderer aus Amerika und Portugal beschäftigten die Frauen des Dorfes als Billigkräfte, die aufgrund von Profitgier unterbezahlt wurden.

Die Gründerin der Schule, Frau Natividad Hernandez Lopez, sorgte für eine faire Bezahlung der Arbeiterinnen und gründete im Jahr 1957 die Stickereischule, um weitere Frauen auszubilden. Inzwischen ist sie einem der größten Kunsthandwerksläden der Insel angeschlossen, in dem neben Kunsthandwerk, Aloe- Vera- Produkten, Kleidung und Lebensmittel verkauft werden. ⌂FV-109, Calle Coronel Glez del Yerro, 14- 35650 La Oliva, ①Direkt neben der Apotheke- Farmacia befindet sich eine Lottostelle, die gleichzeitig als Souvenirshop dient.

Früher spielte auf Fuerteventura neben der Ziegenhaltung der Getreideanbau eine wichtige Rolle. Im Ortsteil Casas de Arriba stehen 2 kanarische Gofio- Windmühlen, in denen das geröstete Getreide zu Mehl verarbeitet wurde. Auf dem großen gepflasterten Platz befindet sich die Kirche Ermita San Antonio de Padua aus dem 18. Jahrhundert. ⌂ Calle Central,27- 35650 La Oliva

9 El Cotillo

Der Ort liegt am Ende der FV-10 an der Nordwestküste der Insel. Das einstige Fischerdorf wurde um zahlreiche Neubauten und Appartements erweitert. Am Ortseingang befindet sich zur Meerseite die restaurierte Windmühle Molino El Roque, die ein Foto wert sein dürfte.

Im ausgeschilderten Ort- Richtung El Tostón, sehen Sie oberhalb des neuen Hafens restaurierte Kalköfen, die wie kleine Festungen aussehen. Sie erinnern an die einst wichtige wirtschaftliche Rolle des Ortes.

Lange Zeit war die Kalkproduktion die wichtigste Einnahmequelle Fuerteventuras und fand vor allem auf Gran Canaria ihren Absatz.

Die bedeutendste historische Sehenswürdig ist das ausgeschilderte **Castillo del Tostón[4]**. Die Geschichte des Wehrturms beginnt mit der Eroberung der Insel durch die spanische Krone. Die Bastion wurde im 17. Jahrhundert auf den Ruinen des alten Castillos Rico Roque mit Steinen aus einer naheliegenden Höhle errichtet. Ziel war es die Küste und den Hafen vor den häufigen Angriffen der nordafrikanischen Piraten, Engländer und Franzosen zu schützen. Der Turm hat einen Durchmesser von 15 m und verjüngt sich nach oben. Im Untergeschoss befand sich die Pulverkammer. Auf dem Dach wurden 3 Eisenkanonen und eine Wasserzisterne aufgestellt, die den 12 Soldaten ermöglichte, für längere Zeit autark zu sein. ⏰Mo-Fr 9-16, Sa+So 9-15 Uhr, 🕯2,00 €, Kinder unter 12 J. frei, Bezahlung nur per Kreditkarte. Übrigens: Ein baugleicher Wehrturm befindet sich in Caleta de Fueste am Barceló- Hotelkomplex, der jedoch nicht begehbar ist. Unweit vom Castillo del Tostón steht ein Walskelett. Dahinter beginnen die über 1 km langen Strände der **Playa del Castillo[5]**. Sie zählen zu der größten Attraktion des Ortes und sind ein beliebter Treffpunkt für Body- und Kitesurfer.

Am nördlichen Dorfrand befindet sich die kleine Kirche Ermita de Nuestra Señora del Buen Viaje. Das schlichte Gebäude wurde 1834 gebaut und trägt auf der linken Seite einen winzigen Glockenstuhl. ⌂ Calle Isla los Lobos,52- 35650 El Cotillo

Von El Cotillo führt die nördliche Küstenstraße zum Fischereimuseum Museo de la Pesca Tradicional mit dem rot-weiß gestreiften Leuchtturm **Faro El Tostón[6]**. Auf diesem Weg liegt die Playa Los Lagos de Cotillo, die sich am Ortsausgang befindet. Danach schließt sich der beliebte Strand Playa de La Concha an. Dem Straßenverlauf folgend treffen Sie auf die Caleta del Rio. Im Jahr 1897 begannen die Bauarbeiten am ursprünglichen Leuchtturm mit einem Nebengebäude für den Leuchtturmwärter, das inzwischen zum Fischereimuseum umfunktioniert wurde. Der Leuchtturm diente als Markierung des Meeresgebiets von der Ballena- Landspitze und kennzeichnet die Bocaina- Meeresenge zwischen Fuerteventura und Lanzarote.

Mitte des 20. Jahrhunderts beschloss man aufgrund der niedrigen Höhe und der Baufälligkeit des alten Turmes, einen neuen höheren Leuchtturm zu bauen, der im Jahr 1955 eingeweiht wurde.

Der neue rot- weiß-gestreifte Turm wird automatisch betrieben und hat eine Höhe von 30 m. Seine Reichweite beträgt 14 Seemeilen, was etwa 26 km entspricht. Die zur Wartung und Bedienung erforderlichen Arbeiten führt der Leuchtturmwärter des La Entallada- Leuchtturms durch, der sich im Süden bei Las Playitas befindet.

Das Museum widmet sich mit spanisch- englischen Bild- und Schrifttafeln der Fischerei und dessen Bedeutung für Fuerteventura. Ein deutsches, 30- seitiges Informationsheft wird am Eingang zur Verfügung gestellt.

⏰Di-Sa 10-17 Uhr, ❶Bitte beachten Sie, dass Toiletten vorhanden sind, aber nicht benutzt werden können. Auch der alte Leuchtturm ist nicht mehr begehbar. Tipp: Möchten Sie sich nach längerer Fahrtzeit die Beine vertreten, bietet sich ein ca. 30- minütiger, ausgeschilderter Rundgang am Leuchtturm an. Weitere traumhafte Badebuchten, wie die **Playas de Los Charcos[7]**, befinden sich unweit des Leuchtturms, Richtung Norden.

10 Villaverde

Im Zentrum des Dorfes liegt die kleine Kirche Ermita de San Vicente Ferrer de Villaverde aus dem 18. Jahrhundert. Das Hauptportal liegt auf der Rückseite. ⌂Calle Francisco Bordon Mendez, 59- 35640 La Oliva

Der Ort wäre besuchenswerter, wenn die Hauptattraktion, die Höhle **Cueva del Llano[8]** noch geöffnet wäre. Sie entstand vor ca. 1 Million Jahren, indem ein Lavastrom von außen erkaltete und ein Lavastrom im Inneren auslief. Mit einer Länge von 648 m und einem Durchmesser von 7 bis 10 m ist sie größte Höhle der Insel. Seit dem Jahr 2017 ist sie geschlossen, da hier die auf Fuerteventura heimische und vom Aussterben bedrohte Spinnenart "Maiorerus randoi" im hinteren Teil, der für Menschen unzugänglich ist, lebt.

Im Jahr 1991 wurde die endemische Spinnenart erstmals entdeckt. Sie ist ein bemerkenswertes Beispiel für die Anpassung von Lebewesen an die absolute Dunkelheit. Von der nur 2,2 mm kleinen Spinne existieren schätzungsweise noch 20 Exemplare. Die Dunkelheit führte zum Verlust jeglicher Pigmentfärbungen und Rückbildung der Augen, sodass die Spinnen blind sind. Ihre langen Beine und Antennen sind dünn und dienen ausschließlich zur Orientierung. Genetische Untersuchungen ergaben, dass diese Spinnenart ursprünglich aus Afrika stammte, wahrscheinlich auf Treibgut nach Fuerteventura gelangte und sich zu einer eigenständigen Art entwickelte. Im Laufe der Zeit sind wegen zunehmender Trockenheit auf der Insel möglicherweise alle anderen Arten ausgestorben. Aufgrund der konstanten Temperaturen und hoher Luftfeuchtigkeit in den Cuevas de Llanos überlebten diese wenigen Exemplare. ⌂FV-101, Richtung Villaverde, ab Hauptstraße ausgeschildert.

Platz für eigene Notizen...✎...

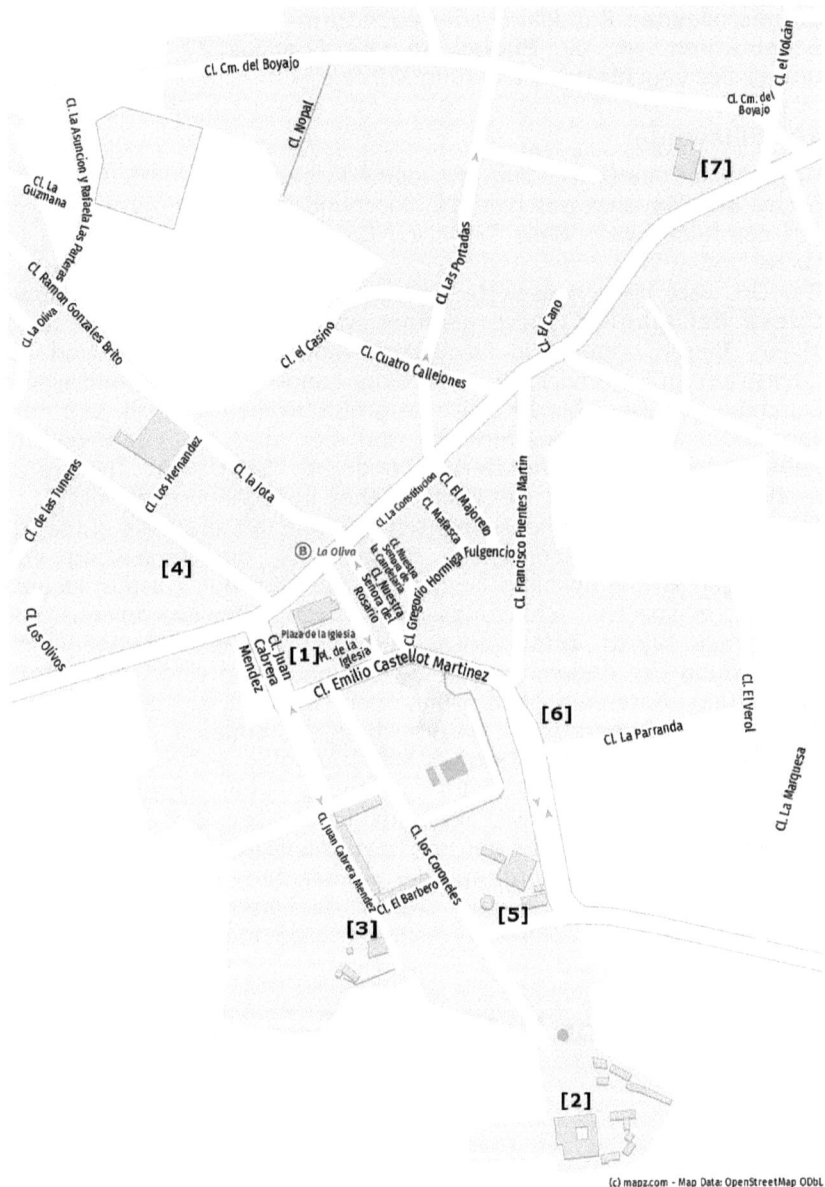

CL. Cm. del Boyajo

Cl. el Volcán

Cl. La Asunción y Rafaela Las Parrana

Cl. La Guzmana

Cl. Nopal

Cl. Cm. del Boyajo

[7]

Cl. Ramon Gonzales Brito

Cl. Las Portadas

Cl. La Oliva

Cl. El Cano

Cl. el Casino

Cl. Cuatro Callejones

Cl. de las Tuneras

Cl. Los Hernandez

Cl. la Jota

Cl. La Constitución

Cl. El Majorero

Cl. Matesa

Cl. Francisco Fuentes Martin

Ⓑ La Oliva

Cl. Nuestra Señora de la Candelaria

Cl. Gregorio Hormiga Fulgencio

[4]

Cl. Nuestra Señora del Rosario

Cl. Los Olivos

Plaza de la Iglesia

Cl. Juan Cabrera Mendez

[1] A. de la Iglesia

Cl. Emilio Castellot Martinez

[6]

Cl. El Verol

Cl. La Parranda

Cl. La Marquesa

Cl. Juan Cabrera Mendez

Cl. El Barbero

Cl. los Coroneles

[5]

[3]

[2]

(c) mapz.com - Map Data: OpenStreetMap ODbL

11 La Oliva

Damals stand der Ort La Oliva inmitten von Olivenhaien, die zur Namensgebung führten. Nach der Eroberung der Kanarischen Inseln steuerte das Militärregiment von hier aus die Insel. Im Zentrum befindet sich die Kirche **Iglesia Nuestra Señora de La Candeleria[1]**.

Sie ist eine der größten Kirchen Fuerteventuras und wurde über die Jahrhunderte mehrfach modifiziert.

Im 17. Jahrhundert entstand mit der Ansiedlung des wohlhabenden Bürgertums im Norden der Insel die Kirche. Die schlichte weiße Hauptfassade hat drei Schiffe mit Satteldächern. Der angrenzende, aus dunklen Lavasteinblöcken gefertigte Glockenturm hat einen quadratischen Grundriss und übernahm auch gleichzeitig die Funktion eines Wachturms, um die Bewohner vor möglichen Piratenangriffen zu warnen. Im Inneren schmücken 5 Ölgemälde den Hauptaltar. Sie werden dem Maler Juan de Miranda zugeschrieben, der im 18. Jahrhundert als wichtigster Maler der Kanarischen Inseln galt. Die Gemälde stellen San Juan Bautista- den Heiligen Johannes der Täufer, San José con el niño- den Heiligen Josef mit dem Kind, El Calvario- den Kreuzweg, San Juan Evangelista- den Heiligen Johannes der Evangelisten und die Virgen de La Dolorosa- die Jungfrau der Schmerzen dar.

Aufzeichnungen aus den Anfängen des 17. Jahrhunderts schildern, dass aufgrund von Regenmangel die Statue der Jungfrau von Candelaria mehrfach in Prozessionen nach La Oliva gebracht wurde, um den langersehnten Regen zu erbitten.

Die Kirche von La Oliva erfuhr ihre Hochphase am Ende des 17. bis zur Mitte des 19. Jahrhunderts, als der Adel und das wohlhabende Bürgertum in den Heiligen Stand der Ehe traten. Auch die Adeligen des Nordens fanden hier ihre letzte Ruhestätte. Zuletzt vermählte sich am 30.03.1834 der letzte Coronel der Insel, Oberst Cristóbal Manrique de Lara im Alter von 32 Jahren mit seiner 16-jährigen Nichte Maria de Las Nieves.🕑Tägl. 09-20 Uhr, ❶Die Kirchenbeleuchtung ist rechts am Eingang angebracht und kann gegen Gebühr eingeschaltet werden, ⌂Plaza de La Iglesia, 2- 35640 La Oliva

Das geschichtsträchtige Haus **Casa de Los Coroneles[2]** liegt vor vom 326 m hohen Vulkanberg Montaña Oliva. Das Anwesen stammt aus der 2. Hälfte des 17. Jahrhunderts und ist das größte Landgut auf den Kanarischen Inseln. Hier residierte das Militärregime unter der Führung des ersten Oberst Ginés de Cabrera Bethencourt, der sich im Jahr 1708 in La Oliva mit seiner Familie niederließ. Er eignete sich riesige Ländereien an und gewann zunehmend an politischem Einfluss, sodass ihm schließlich ein Drittel der Insel gehörte.

Dem riesigen Haus wurde damals aufgrund von Erzählungen der Bevölkerung nachgesagt, dass es für jeden Tag ein Fenster habe, also 365. In Wirklichkeit sind es aber nur 117. Da die Bauern weder lesen, schreiben noch rechnen konnten, versuchten sie auf diese Weise die Größe und Faszination für das Gebäude auszudrücken.

Bis zum Jahr 1994 war das Herrenhaus im Besitz der Erbengemeinschaft der Nachfahren. Es wurde von der Inselregierung gekauft und von 2001 bis 2006 aufwendig restauriert. ◑Di-Sa 10-18Uhr, Mo+So+Fei geschlossen, ♟3,00 €, ⌂ausgeschildert- Calle Los Coroneles, 28- 35640 La Oliva

Absolut unscheinbar, aber geschichtsträchtig ist die **Ermita de Puerto Rico[3]**. Sie war die erste Kapelle der Gemeinde in der die christlichen Einwohner beteten. Sehenswert sind die aufwendigen Steinmetzarbeiten am seitlichen Portal und den Fensterumrandungen.

Unweit der Iglesia Nuestra Señora de La Candeleria befindet sich das restaurierte Getreidemuseum **Casa de La Cilla[4]**. Es stammt aus dem Anfang des 19. Jahrhundert und ist im damaligen Kornspeicher der Gemeinde untergebracht, um auf die besondere Bedeutung der altkanarischen Getreideerzeugnisse hinzuweisen. Seinerzeit wurden in den Speichern die Ernteerträge der Kirche, die aus eigenem Besitz und aus Zentabgaben stammten, gelagert. Weitere Kornspeicher gab es in den Gemeinden Betancuria, Tiscamanita, Tetir und Tindaya.

Bis zur Mitte des vorletzten Jahrhunderts gingen die Inselbewohner dem Getreideanbau nach, der der wichtigste Wirtschaftszweig Fuerteventuras war. Die fruchtbaren Täler und Ebenen der Insel wurden in Ländereien aufgeteilt und besiedelt, sodass die Nahrungsgrundlage und der Handel sichergestellt wurden. Neben Weizen, Gerste, Roggen, Hülsenfrüchte und Mais wurden auch Obstbäume angebaut. In niederschlagsreichen Jahren fiel die Ernte sehr erfolgreich aus, um beträchtliche Mengen zu verkauften. Jedoch verwandelte sich die Insel in regenarmen Jahren ohne nennenswerte Ernteerträge regelrecht in ein Armenhaus. Demzufolge entwickelten die Bauern besondere Techniken, um bei Regenfall das kostbare Wasser so gut wie möglich zu nutzen. Je nach Aufwand wurden auch Lohnarbeiter eingesetzt, die mit Geld oder einem Kornanteil entlohnt wurden. Die Verpflegung der Arbeiter, die zu Lasten der Bauern ging, bestand aus Mojo- Soßen, Brot, Gofio, Feigen und gesalzenem Fisch. Als Getränke gab es Wasser und Wein. ⊕ Anhand von Schautafeln, Fotografien und antiken Landschaftsgeräten bekommen Sie einen kleinen Einblick in die primitiven Arbeitsabläufe der damaligen Zeit.

Da die Ausstellung ausschließlich auf Spanisch beschriftet ist, erhalten Sie an der Kasse ein Heft mit den deutschen Übersetzungen, ⊕Di-Sa 10- 17.30 Uhr, ♟1,50€ ⌂ Calle La Orilla, 5 – 35640 La Oliva

Ein absolutes MUSS für Liebhaber der modernen Kunst ist das Kunstzentrum **Centro de Arte Canario Casa Mané[5]**. Das Gebäude hat einen traditionellen, schlichten Grundriss. Bis Mitte des 19. Jahrhundert war es der Wohnsitz von Blas Curbelo Guerra, dem Leibarzt von Coronel Cristóbal Manrique de Lara und seiner Familie. Durch die Privatinitiative des Kunsthändlers Manuel Delgado Camino, der Mané genannt wurde, ist das Zentrum im Jahr 1991 entstanden. Inzwischen werden von weit über 80 Künstlern die Werke ausgestellt. ➀Als Kunstliebhaber sollten Sie für die sehenswerte und umfangreiche Ausstellung mehrere Stunden einplanen.⊕Mo-Fr 10-17, Sa 10-14Uhr, ♟5,00 €, ⌂Calle Salvador Manrique de Lara- 35640 La Oliva

Der Traditionsmarkt **Mercado de las Tradiciones[6]** ist ein Highlight für authentische Souvenirs aus Fuerteventura. Das Gebäude befand sich im Besitz der Obersten von La Oliva. Im Jahr 1840 schenkte Sebastiana Cabrera das Anwesen ihrem Sohn Pedro Manrique de Lara, der hier ein unabhängiges Leben führte. Neben Modeschmuck, Holz-, Silber- und Lederarbeiten werden Mojos, Marmeladen, regionales Obst und Gemüse angeboten. ⊕Di+Fr 10-14 Uhr, ⌂Calle Francisco Fuentes Martín, 15-35640 La Oliva

Das verfallene Herrenhaus **Casa del Inglés[7]** ist eines der letzten Zeitzeugnisse der wohlhabenden Oberschicht des Ortes. Das zweistöckige Anwesen stammt aus dem 18. Jahrhundert und hatte einen Innenhof mit einem unterirdischen Wasserspeicher, der in Zeiten von Wassermangel ein absoluter Luxus war.

Derzeit betrieb der reiche Bauherr Julian Leal Sicilia einen florierenden Landwirtschaft Anbau und zahlreiche Handelsaktivitäten zwischen den Kanaren und Amerika. Finanzielle Einbußen führten zum Verkauf seines Anwesens, das der englische Naturforschers Mr. David Parkinson erwarb.

Als dieser nach Jahren in seine Heimat zurückkehrte, verkaufte er das Haus, das danach unterschiedlich genutzt wurde. Während dem spanischen Bürgerkrieg- Guerra Civil wurde es von der Armee besetzt und diente als Krankenstation der im Ort vorgelagerten Streitkräfte.

Da sich die Bevölkerung nach Jahren nur noch daran erinnerte, dass im Haus ein Engländer lebte, trägt die Ruine den Namen Casa del Inglés- das Haus des Engländers. ⌂ FV- 101, km 2, La Oliva nach Villaverde

➀Ruta de Los Coroneles: Im Rahmen eines geführten Stadtrundgang können Sie das Casa de La Cilla, die Iglesia de La Candelaria, das

Casa de Los Coronelles, das Centro de Arte- Casa Mané und den Mercado de Las Tradiciones erkundigen. .☉ Di+Fr 10-14 Uhr, 🍶 8,00 €, ⌂ Treffpunkt: Plaza de La Iglesia, am Gebäude rechts neben der Kirche. Die Führungen erfolgen in Englisch und Spanisch. Freitags tragen die Führer traditionelle Kostüme.

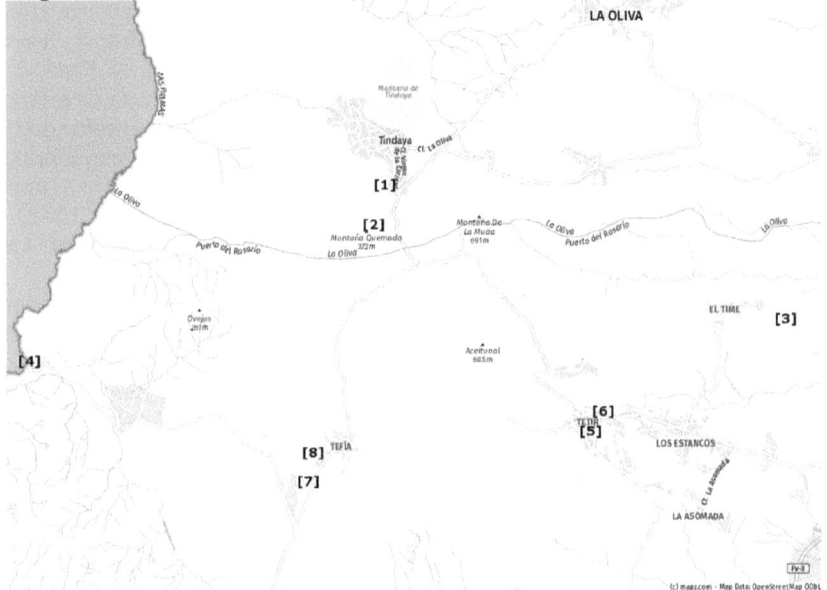

12 Tindaya

Der 400 m hohe Montaña de Tindaya ist der heilige Berg der Ureinwohner Fuerteventuras, auf dem sie eine Kult- und Grabstätte besaßen. Hier wurden über 200 Felsritzungen in Form von Fußumrissen entdeckt. Aufgrund von wiederholtem Vandalismus und unachtsamen Wanderern wurden viele der Ritzungen unwiederbringlich zerstört, sodass die Inselregierung ein absolutes Verbot zur Besteigung des Tindayas verhängt hat.

Da auch erst nach langen Protesten von Naturschützern der Abbau des Vulkangesteins für den Hausbau eingestellt wurde, lassen sich am Hang des Tindayas noch deutlich die Abbaustellen des Steinbruchs erkennen. Am Rand des Ortseinganges, nach dem Centro Cultural, steht eine kleine Kapelle mit offenem Glockenstuhl aus schwarzem Gestein. Am Ortsende befindet sich die Käserei Quesos de Tindaya, in der von Montag- Samstag von 08.30- 14.00 Uhr Ziegenkäse angeboten wird.

Unweit der FV-10 liegt das restaurierte Gebäude **Casa Alta de Tindaya[1]** mit Ausstellungsräumen.

Es ist dem inzwischen verstorbenen Künstler und Bildhauer Eduardo Chillida gewidmet. Er plante zwei lange senkrechte Lichtschächte in den Vulkanberg Tindaya zu bohren und diese mit einem bereits vorhandenen Stollen, der als Zugang dienen sollte, zu verbinden. Die Schächte sollten sich auf der vorderen und hinteren Bergseite befinden, um dem Besucher das unterschiedliche Lichtspiel von Sonne und Mond zu präsentieren. Obwohl das Projekt auf der gegenüberliegenden Seite der Felsritzungen vorgesehen war, wurde es nicht umgesetzt.

Im ersten Ausstellungsraum werden in Schachtmodellen Lichtspiele simuliert. Im zweiten Raum veranschaulicht ein großes Holzmodell des Vulkanberges das Vorhaben des Künstlers, zudem werden mehrere abgetragene Steinblöcke mit Felsritzungen gezeigt. Die Ausstellung wird durch Filmvorführungen komplettiert. ✹Di-So 10-14Uhr, 🕯frei, ⌂FV-10, Tindaya, 15- 35649 Tindaya

Neben der Casa Alta de Tindaya führt eine Schotterpiste zum Denkmal **Monumento Unamuno[2]**. Zum 100. Geburtstag setzte die Inselregierung ein Denkmal zu Ehren des bedeutenden spanischen Poeten und Dichters Miguel Unamuno in den Vulkanberg des Montañas Quemada, des sich unweit von Tindaya befindet. Der Berg wurde ausgewählt, da Unamuno in einem seiner Briefe an einen vertrauten Freund beschrieb, dass diese Region einer der Plätze sei in der er gerne nach seinem Tod beerdigt werden würde.

13 Casas de Felipito

Die Anlage **Casas de Felipito[3]** liegt im Llano del Triguero- der Ebene des Getreides. Sie wurde nach Felipe Ruíz Gonzáles benannt, den man Felipito el feo- den kleinen, hässlichen Philipp rief. Er war Bauer und lebte hier am Anfang des 20. Jahrhunderts mit seinen Eltern.

Rechts neben dem Eingang liegt ein zweistöckiges Gebäude, das ein landestypisches Wohnhaus bescheidener Bauern repräsentiert. Nach der Restaurierung wurde der Komplex als Museum im Jahr 2002 eröffnet und wird von Insulanern als Freizeitpark mit überdachten, windgeschützten Sitzmöglichkeiten, Grillplätzen, Kinderspielplatz und Bocciabahnen, genutzt.

Beachtlich waren die enormen Anstrengungen, die der Bauer damals auf sich nahm, um das Land zu bebauen und es fruchtbar zu machen. Er nutzte Kalksteine, um Mauern als Windschutz und bis zu 3 m hohe

Gehege für Tiere zu bauen. Zudem konstruierte er Entwässerungssysteme, um das Regenwasser auf sein Grundstück zu führen. Dem hässlichen Phillipp kam die zweifelhafte Ehre zu Teil als erster Majorero im Hospital Viejo- dem alten Krankenhaus, das inzwischen die Universität von Fuerteventura ist, zu sterben.

☺Di-So 8-20 Uhr, ♟frei, ⌂ Camino Guisguey Puerto de Rosario- 35612 Puerto del Rosario. FV-10 Puerto del Rosario- Richtung Tetír. Auf der Höhe von La Asomada auf die FV- 219 Richtung El Time. Der Beschilderung folgen- ca. 15 Minuten Fahrtzeit über eine Schotterpiste.

14 Puertito de los Molinos

Die FV- 221 führt an einer breiten Schlucht vorbei, die in Regenzeiten das Wasser von den Vulkanbergen ins Meer nach **Puertito de los Molinos[4]** leitet. Nach starken Regenfällen ist das Gebiet wunderschön grün bewachsen, jedoch verblasst im Sommer das Farbspiel.
Im Hafen angekommen gehen Sie über eine Brücke, unter der sich Enten eingenistet haben und kommen auf kleine Fischerhäuser zu.
Die schönste Aussicht über die Bucht bietet sich, wenn Sie links am Parkplatz den Weg hochgehen. Auf dem schroffen Felsen sehen Sie noch die Überreste von Windmühlen, die dem Ort seinen Namen gaben.
Der dunkle Stein- Kieselstrand Playa los Molinos ist aufgrund von Unterströmungen und Wellen nicht als Badestrand geeignet.

15 Tetír

Das kleine Dorf liegt an der FV-10 auf der Höhe von Puerto del Rosario. Bereits von weitem erblicken Sie den siebenstöckigen Glockenturm der Pfarrkirche **Santo Domingo de Guzmán[5]**. Die Kirche stammt aus dem 18. Jahrhundert und wurde nach Renovierungsarbeiten, bei denen alte Wandgemälde zum Vorschein kamen, unter Denkmalschutz gestellt.
Direkt an der Hauptstraße befindet sich das Gofio- Museum **Museo de Gofio[6]**. Der Besitzer Francisco Cabrera Oramas ist der letzte aktive Gofio- Müller. Gofio ist ein Mehl, das aus geröstetem Mais hergestellt wird und war das Grundnahrungsmittel auf den Kanaren. Hier trifft Geschichte auf Produktion. Im Rahmen eines kleinen Rundganges erfahren Sie mehr über die Herstellung. ➀ Alle Informationen im Museum sind auf Spanisch, der Müller spricht ebenfalls nur Spanisch. Erst nach Eintreffen von Gruppen wird das

Mahlen vorgeführt. Unter Tel. 639752848 können Sie durch ihre Hotelrezeption erfragen lassen, wann der Müller Gofio mahlt. Auch ohne das Museum zu besichtigen, können Sie an der Kasse frisch gemalenes Gofio kaufen.☻Mo+So 10-15, Di-Sa 9.30-17 Uhr,🥄kostenpflichtig, ⌂ FV-10- Tetír- Hausnr. 16- 35613 Puerto del Rosario.

16 Tefía

Das Freilichtmuseum **Ecomuseo La Alcogida[7]** ist das Highlight des Dorfes indem Sie das traditionelle Landleben nachempfinden können. Es war bis zum Ende der 1970-er Jahre bewohnt und wurde danach von der Inselregierung originaltreu restauriert. Der Komplex besteht aus sieben Anwesen. Sie sehen Herrenhäuser vermögender Familien und einfache Gebäude bescheidener Bauern. Jedes Anwesen trägt den Namen der damaligen Besitzer. Im Wohnhaus von Señora Hermina und Señor Donato haben Sie eine Einsicht in die primitiven Wohnverhältnisse der Bauern. Diese Häuser haben einen U- oder L-förmigen Grundriss. Der Innenhof orientiert sich nach Süden. Dicke Mauern aus Kalkstein dienten als Windschutz.
Wohlhabende Familien hatten mehre Nebengebäude, die durch eine Holz- oder Steintreppe erschlossen wurden. Überdachte Balkone und umlaufende Galerien aus Holz spiegeln den Reichtum wieder.
In den Häusern der Familien Herrera und Cabra sowie des Müllers lebt die traditionelle Handwerkskunst der Insel weiter. ➊Hier arbeiten täglich Korbflechter, Töpferer, Weber, Sticker und Steinmetze. Die individuellen Handwerksarbeiten können Sie direkt vom Künstler vor Ort erwerben. Im Gebäude mit der ausgeschilderten "Recepcion" erhalten Sie die Eintrittskarten und einen Plan für den Rundgang. ☻Di- Sa 10-18 Uhr,🥄5,00€, ⌂ FV- 207- Tefía

Auch sehenswert ist die pittoreske Windmühle vom Typ **Molina[8]**, die sich direkt an der FV-207 befindet. Direkt gegenüber führt die Straße in den östlichen Teil des Dorfes zur Ermita de San Agustín, die von einer hohen Mauer umgeben ist. Die Kirche stammt aus dem frühen 18. Jahrhundert und wurde unter Denkmalschutz gestellt. Links daneben befindet sich die Arena Lucha Canaria, in der kanarische Ringkämpfe ausgetragen werden. ⌂ Calle Lugar Tefia, 32- 35611 Puerto del Rosario

17 Puerto del Rosario

Puerto del Rosario ist die Inselhauptstadt. Insgesamt hat Fuerteventura 115.000 Einwohner, von denen 36.000 in der Hauptstadt leben.

Bereits vor der Eroberung der Insel wurde im Jahr 1426 die Stadt auf einer venezianischen Seekarte verzeichnet. Der Hafen diente in erster Linie als Verladepunkt für Ziegen, die als Lebendproviant auf Überseereisen verladen wurden. Aus diesem Grund hieß damals das jetzige Puerto del Rosario, Puerto de las Cabras- Ziegenhafen. Am Anfang des 19. Jahrhundert nutzten bereits die Engländer den Hafen als Stützpunkt, um den Handel mit Gran Canaria und dem europäischen Festland zu kontrollieren. Fast zeitnah löste sich Puerto de las Cabras von seiner Mutterpfarrei in Tetír und wählte die Rosenkranzmadonna Virgen del Rosario zur Schutzpatronin für die neu erbauten Pfarrkirche. Bereits zu jener Zeit fand ein reger Handel mit Soda, Kalk, Ziegen und dem roten Farbstoff aus der Koschenille-Lauszucht, sodass der Hafen zur Inselhauptstadt ernannt wurde. Erst im Jahr 1956 durfte sich die Stadt nach dem Namen ihrer Schutzpatronin in Puerto del Rosario umbenennen.

Entdecken Sie mit einem Rundgang die schönsten Seiten der Hauptstadt. Beste und kostenlose Parkmöglichkeiten finden Sie am Hafen entlang der Avenida de los Reyes de España.

Platz für eigene Notizen...✐...

18 Übersichtskarte Puerto del Rosario Fuerteventura

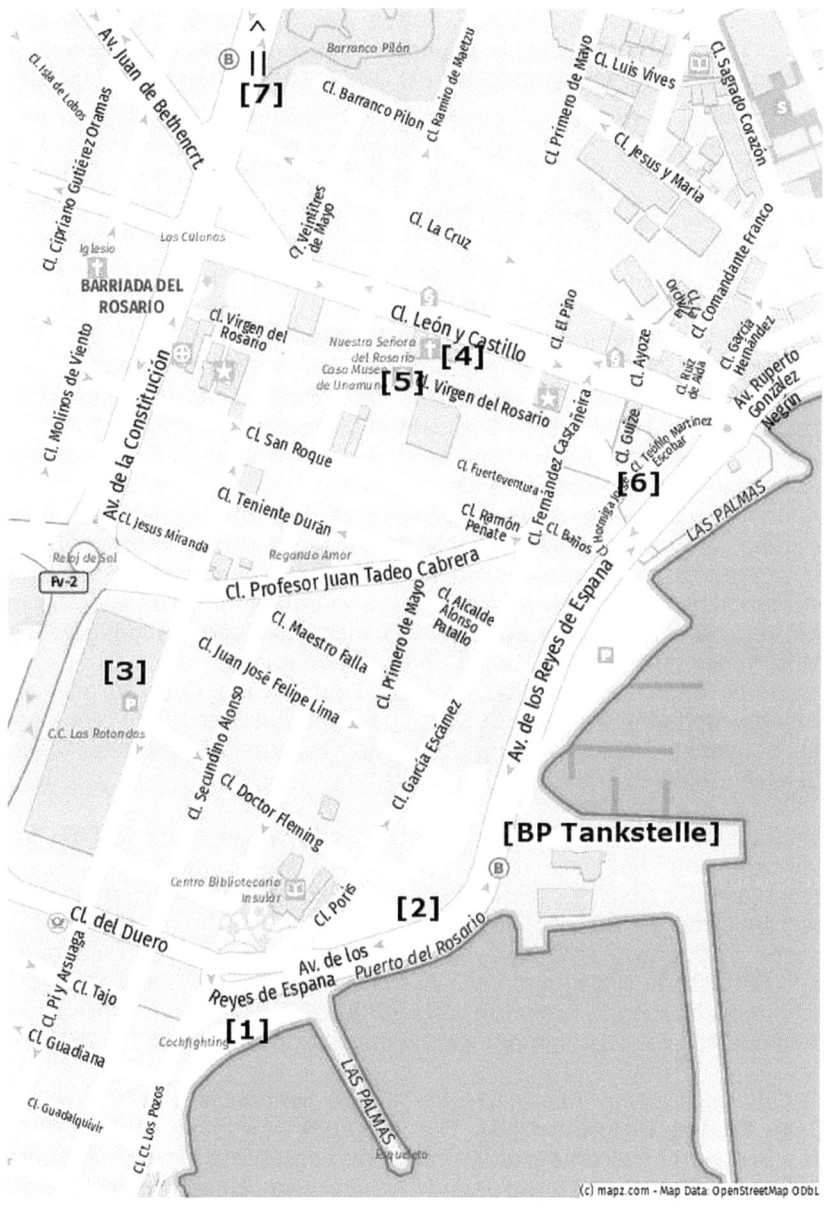

Rundgang durch die Hauptstadt Puerto del Rosario

Entdecken Sie die schönsten Seiten der Hauptstadt. Beste und kostenlose Parkmöglichkeiten finden Sie am Hafen entlang der Avenida de los Reyes de España. Als Orientierungspunkt dient die BP-Tankstelle.

Wenn Sie der Promenade nach links folgen, gelangen Sie direkt zum gepflegten, feinsandigen Stadtstrand **Playa Chica [1]**.

Zur Innenstadt gehen Sie an der BP- Tankstelle über den Zebrastreifen und dann nach links. Nach dem 2. Gebäude auf der rechten Seite kommen Sie auf einen kleinen **Platz [2]** über dem Treppen hoch zum Stadtzentrum Centro Ciudad führen. Am Ende passieren Sie die Calle García Escámez und kommen automatisch auf die Calle Dr. Flemming. Nun stehen 2 Optionen zur Wahl: Wenn Sie die Straße weitergehen, treffen Sie am Ende auf das größte Einkaufszentrum Fuerteventuras, das **Centro Comercial Las Rotondas [3]**. Mo- Sa 10-20 Uhr, So geschlossen ① Alle Infos zu den aktuellen Marken- Geschäften unter: www.lasrotondascentrocomercial.com

Wenn Sie die erste Straße nach rechts gehen, beginnt die Calle Primero Mayo, die vor der Eröffnung des Einkaufscenters die pulsierende Schlagader der Hauptstadt war. Nahezu alle Geschäfte wurden schlossen und zogen in das neue Center um, sodass man in der kreuzfahrtfreien Zeit auf eine fast menschenleere Fußgängerzone trifft, in der nur noch auf einige Cafes geöffnet sind.

Kurz vor Ende der Avenida, an der Einmündung Calle Virgen del Rosario, befindet sich das Cabildo, das Rathaus der Stadt, vor dem ein Souvenir- Pavillon mit inseltypischen Mitbringseln aufgestellt ist. Mo- Fr 10.15- 13.30, 17.30- 20 Uhr

Dahinter liegt die Pfarrkirche **Nuestra Señora del Rosario [4]**. Sie wurde im Jahr 1812 errichtet und war das erste religiöse Gebäude im Stadtkern der Insel. Es handelte sich um ein kleines Gebetshaus, das der Jungfrau El Rosario gewidmet ist. In den Jahren 1824- 1835 wurde der zentral stehende Glockenturm hinzugefügt, der heute in die Ostfassade integriert ist. Auffällig sind am Hauptportal die schmiedeeisernen, verzierten Gitter. In der Mitte des Hochaltars befindet sich die Patronin der Kirche mit dem Jesuskind auf dem Arm.

In der Häuserzeile links neben der Kirche befindet sich das Museum **Casa Museo Unamuno [5]**. Das Gebäude wurde im Jahr 1877 in das Bestandverzeichnis des Grundbuchs von Puerto de Cabras, dem ursprünglichen Namen von Puerto del Rosario, eingetragen. Damals war es ein kleines Gästehaus, das unter dem Namen "Hotel

Fuerteventura" geführt wurde. Hier lebte der spanische Schriftsteller Miguel de Unamuno während seines Exils auf der Insel. Das Museum ist ein Zeugnis typischer Architektur kanarischer Wohnhäuser aus jener Zeit.☻täglich 9-14 Uhr, ♨Eintritt frei, ①Zusatzinformation: Miguel de Unamuno war Professor und Rektor der spanischen Universität in Salamanca. Aufgrund von kritischen Äußerungen gegenüber dem Regime wurde er am 12. März 1924 vom damaligen Staatschef nach Fuerteventura verbannt. Er lebte 5 Monate auf der Insel im Exil, freundete sich mich den Einwohnern an und schrieb seine Eindrücke über Fuerteventura nieder, die in Tageszeitungen in Madrid, Buenos Aires und Gran Canaria veröffentlicht wurden. Danach floh er freiwillig nach Frankreich, um seinen Kampf außerhalb Spaniens gegen die Diktatur aufzunehmen. Die Inselregierung setzte ihm zu seinem 100. Geburtstag ein Denkmal auf den Montaña Quemada, dass sich unweit des Dorfes Tindaya befindet.

In der Stadt können Sie 2 Lebensmittel- Wochenmärkte besichtigen:
Mercado Municipal [6]: Wenn Sie die Calle Primero de Mayo bis zum Ende gehen, treffen Sie auf die Calle Léon y Catillo, der Sie nach rechts- Richtung Meer- folgen. Vor dem Kreisverkehr gehen Sie nach rechts in die Calle Teófilo Martínez Escobar und folgen dem Straßenverlauf, bis Sie auf der linken Seite die kleine Markthalle Mercado Municipal sehen. Die Händler bieten eine Auswahl an Obst, Gemüse, Fleisch, Fisch und Ziegenkäse an. ☻ Mo-Fr 7-13 Uhr ① Besuchen Sie diesen kleinen Markt mit den freundlichen Verkäufern, solange es noch möglich ist. Aufgrund eines geringen Besucheraufkommens, könnte es absehbar sein, dass diese kleine Markthalle nicht mehr dauerhaft existieren wird.

Mercado Agrario de Fuerteventura [7]: Am Ende der Calle de Primero Mayo gehen Sie nach links in die Calle Léon y Castillo, der Sie nach links folgen. Sie treffen auf einen Kreisverkehr und die Hauptstraße Avenida La Constitución, der Sie nach rechts folgen. Vor dem 2. Kreisverkehr der nach rechts in die Avenida Diego Miller führt, liegt das Gebäude des zentralen Busbahnhofes Estación de Guagas, indem sich in der oberen Etage der Markt befindet. Angeboten werden hausgemachte Produkte und regionale Lebensmittel. ☻ Sa 8-14 Uhr
①Das könnte Sie auch noch interessieren: Beim Flanieren entlang der Strandpromenade treffen Sie auf viele Skulpturen einheimischer Künstler.

In der Innenstadt richten Sie ihren Blick auf die Graffiti- Kunst an alten Wohngebäuden. Im Januar 2011 beschloss das Planungsamt verkommene Gebäudefassaden der Hauptstadt verschönern zu lassen. Nach Rücksprache mit den Eigentümern wurde 2015 der "Concurso de Arte Urbano de Puerto de Rosario", ein Wettbewerb für die künstlerische Gestaltung, ausgeschrieben. Inzwischen durften sich mehr als 36 Künstler mit ihren Werken auf Hauswänden verwirklichen. Aufgrund positiver Feedbacks seitens Insulaner und Touristen wird dieses Projekt fortgesetzt.

Ⓘ Alternativ Parken Sie im Einkaufszentrum Centro Comercial Las Rotondas.

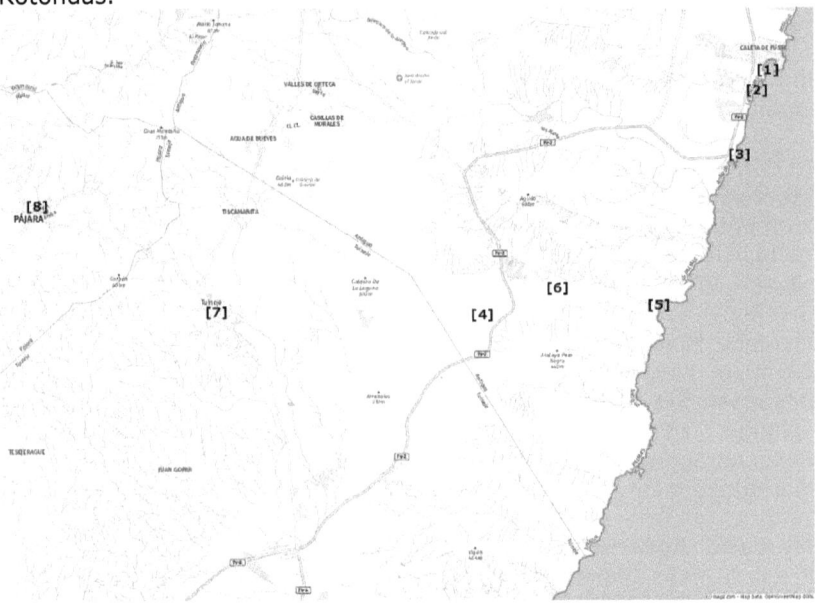

19 Caleta de Fueste

Der Ort entstand auf dem Reißbrett und besteht aus einer Ansammlung von Ferienanlagen, Hotels, kleinen Einkaufszentren und vielen Restaurants.   Eine lange Promenade führt direkt am großen, künstlich angelegten schneeweißen Hauptbadestrand **Playa Caleta de Fuestes Beach [1]** entlang.   Sehenswert ist der aus dem Jahr 1740 stammende Wehrturm, der an der Promenade vor dem Barceló-Hotelkomplex steht. Er ist baugleich mit dem Castillo de El Tostón in El Cotillo ist. Mit diesen Wehrtürmen wurden die Küsten vor den häufigen Attacken durch Piraten, Engländer und Franzosen geschützt.

Der beliebte Afrika- Markt liegt an der Hauptstraße FV-2 direkt über dem Kreisverkehr. ☻ Di+ Sa 10-14 Uhr

20 Playa La Guirra

Südlich von Caleta de Fuestes liegt die Urlaubssiedlung Playa La Guirra, zu der Fuerteventuras erster 18- Loch- Golfplatz gehört. Gegenüber, auf der Meerseite, liegen weitere Hotels und das Einkaufszentrum Centro Comercial Atlantico. ①www.ccatlanticofuerteventura.com
Am Zentrum beginnt die Promenade, an der mehre **Kalkbrennöfen[2]** aus vergangen Zeiten zu sehen sind. Von hier können Sie bis Caleta de Fuestes spazieren gehen.

21 Salinas del Carmen

Im Ortsteil Salinas del Carmen liegt das Salzmuseum **Museo de la Sal [3]**. Die Anlage besteht aus 2 Komplexen. Im Hauptgebäude befindet sich eine permanente Ausstellung über die Geschichte des Salzes und den Salninen Salinas del Carmen, die Anfang des 20. Jahrhunderts gebaut wurden. Der Rundgang beginnt links vom Gebäudekomplex.
Station 1- Saltadero: Hier befindet sich der höchste Punkt der Salinen. Der Wind treibt die Wellen an die Felsen. Beim Auftreffen bildet sich ein Schaum, in dem die Salzkonzentration am höchsten ist. Das Wasser sammelt sich im Auffangbecken und wird weitergeleitet. Station 2- Cocederos: Das gesammelte Wasser fließt durch einen Kanal in weitere Auffangbecken. Station 3- Tajos: Wenn das Wasser am Cocedero angekommen ist verdunstet es und das Salz kristallisiert. Auf der Oberfläche bildet sich ein dünner Salzfilm, der zwei Mal täglich abgetragen wird, damit sich das Salz am Grund absetzen kann. Sobald das Wasser fast vollständig verdunstet ist, schöpft der Salzbauer das Salz vom Grund ab und lässt es seitlich abtropfen. Danach wird es eingesammelt und in das Lager gebracht. Station 4- Almacen: Hier werden die Arbeitsgeräte der Salzbauern aufbewahrt, das gereinigte und getrocknete Salz gelagert und in Tüten verpackt. Station 5- Embarcadero- Ladeplatz: Vom kleinen Kai El Muellito wurde das Salz in Wagons zur Verschiffung auf die Nachbarinseln geladen. Station 6- Horno de Cal- Kalköfen: Für den Bau der Salinen und deren Instandhaltung wurde Kalk benötigt. In der Zeit von Oktober bis März, in der kein Salz gewonnen werden konnte, wurde in den Öfen Kalk gebrannt. Der Steinofen hat seitlich 2 Kammern, um Kalksteine und den gebrannten Kalk zu lagern. Station

7- Aljibe- Zisterne: Die Zisterne befindet sich in einer kleinen Senke, in der Wasser für die Versorgung der Finca gesammelt wurde.

☻ 01.11.-30.04. 9.30-17.30 Uhr, 01.05-31.10. 10-18 Uhr, ⚫6,00€, Kinder 0-3 J. frei, 4-11 J. 3,00€, ⌂ FV-2- zwischen km 23 und 24

22 Malpais Grande

Die Küstenstraße zwischen Pozo Negro und Gran Tarajal führt durch das **Malpais Grande[4]**. Es handelt sich um eine Vulkanlandschaft, die von großen und kleinen Vulkanbrocken übersät ist. Diese Region wird so bezeichnet, da nach starken Eruptionen der Vulkane Caldera de La Laguna und der Caldera de Liria das übersetzt "große schlechte Land" für die Ureinwohner schwer passierbar war. ⌂ FV-2

23 Pozo Negro

Der kleine Fischerort **Pozo Negro[5]** zählte im 15. Jahrhundert durch seinen natürlichen Hafen zu den wichtigsten Häfen der Insel. Inzwischen zieht er nur noch Einheimische am Wochenende zum Baden und einige Touristen zum Essen in den beiden Fischrestaurants an. ⌂ FV-2> FV- 420 > Straßenende

Die Sehenswürdigkeit von Pozo Negros ist das Freilichtmuseum Centro de Interpretacion Poblado de **La Atalayita[6]**. Ein holpriger Weg führt zum inzwischen dauerhaft geschlossenen Interpretationszentrum, das sich halb unterirdisch in der Erde befindet. Zu Fuß folgen Sie dem Schild Poblado de La Atalayita. Das Dorf ist nach dem erhöhten Vulkankegel Lomo de Atalayita benannt, den die Ureinwohner als Aussichtsposten für die Überwachung des Küstenabschnitts von Pozo Negro nutzten. La Atalayita nimmt eine Fläche von 45.000 qm ein, auf der sich 115 Bauten mit unterschiedlichen Strukturen befinden. Im Wesentlichen spielte sich das Leben der Ureinwohner im Freien ab. Sie bewohnten kleine kreisförmige Bauten aus aufgeschichteten Lavasteinen. Manche wurden über Generationen dauerhaft genutzt, andere dienten als Versteck bei Überfällen der Eroberer. Am Eingang des Dorfes wurde ein Gebäude restauriert, das die traditionelle Architektur auf der Insel und die einheimische Bauweise widerspiegelt. Im Gegensatz zu den anderen Gebäuden ist der Grundriss rechteckig. Das Dach besteht aus einer Ruten- und Stabkonstruktion auf der Lehm aufgebracht ist. Seitlich des Hauses sehen Sie Schalenreste von Muscheln und Schnecken. Sie waren nach Fisch die wichtigste Nahrungsquelle und wurden als einfache Werkzeuge genutzt. Die meisten Behausungen haben einen Durchmesser von 1.50- 2.00 m, einen kreisförmigen oder elliptischen Grundriss. Der Eingang ist schmal und niedrig.

Weiterhin existieren zusammenhängende Wohnkomplexe mit Nebengebäuden, die sich zu einem zentralen Platz öffnen, der von Mauern umgeben ist. In weiteren abgetrennten Bereichen wurden Hirtenhunde, Ziegen, Schafe und Kamele gehalten. Die Majos nutzten auch Lavagrotten als Wohnraum, die durch enge Maueröffnungen mit Treppenstufen erschlossen wurden.

☻ Tägl., ▮ frei, ⌂ FV-2 > FV- 420 km 3

24 Tuineje

Im Zentrum des Dorfes befindet sich die Kirche **Iglesia San Miguel Arcangel [7]**. Die Bewohner sind stolz auf ihre erfolgreich geführte Schlacht gegen die Engländer am Vulkanberg Tamasite im Jahr 1740. Diese wurde auf zwei Tafelbildern, die sich rechts und links am Altarsockel befinden dargestellt.

Die Schlacht am Tamasite: Nach der Entdeckung Amerikas wurden die Kanarischen Inseln für das spanische Königshaus zum wichtigsten Zwischenstopp vor der Atlantiküberquerung. Im Jahr 1730 erklärte das englische Königshaus den Spaniern den Krieg, um seine Ansprüche auf den Kanaren geltend zu machen. Jedoch erst 10 Jahre später, am 12. Oktober 1740, trafen 50 schwer bewaffnete englische Korsaren im Hafen von Gran Tarajal ein, um die damalige Hauptstadt Betancuria zu erobern. Von Gran Tarajal kamen sie Richtung Tuineje durch die trockenen Schluchten gut vorwärts ohne entdeckt zu werden. Laut Sage drangen die Engländer am 13.Oktober in die Siedlung Casillas Blanca südlich von Tamasite ein. Sie zwangen einen Bauern sie zum Befehlshaber in Betancuria zu führen. Dieser konnte jedoch noch rechtzeitig einen seiner Söhne dazu veranlassen über den 346 m hohen Berg von Tamasite zu laufen, um in Tuineje die Einwohner zu alarmieren. Umgehend wurden die Kirchenglocken von Dorf zu Dorf geläutet. Als die Engländer Tuineje erreichten plünderten sie zunächst die Kirche. Sie bemerkten, dass sich die Bewohner aufgestellt hatten und Hilfe aus den umliegenden Dörfern nahte. Darauf entschlossen sie sich zum Rückzug Richtung Meer. Der Befehlshaber der Einheimischen erbat die Hilfe des Schutzpatrons San Miguel und befahl den Bauern ihre Dromedare zusammenzutreiben, um sich den Engländern südlich vom Tamasite am Pass von El Cuchillo entgegenzustellen. Die Dromedare fingen den Kugelhagel ab, sodass die Bauern als Sieger aus dieser Schlacht hervorgingen. Sie leisteten ihrem Schutzpatron einen Schwur, der jedoch im Laufe der Zeit vergessen wurde. Gut 200 Jahre später, im Jahr 1946 rief der Geistliche von Tuineje den Bewohnern die historische Schlacht ins Gedächnis. Er setzte den 13. Oktober als Festtag an, der bis heute zelebriert wird.

25 Pájara

Pájara gehört zu den ältesten Orten der Insel. Er wurde von Hirten und Fischern gegründet, die sich hier im 16. Jahrhundert ansiedelten. Sehenswert ist die Kirche **Iglesia Nuestra Señora de la Regla[8]**. Der Bau begann im Jahr 1645 und wurde 1687 fertig gestellt. Im 18. Jahrhundert wurde die Kirche um das rechte Seitenschiff erweitert. Die auffälligen Steinmetzarbeiten am Portal stammen von einheimischen Künstlern, die vermutlich aus italienischen Vorlagebüchern Ideen und Inspirationen übernommen hatten. Sie sind aztekisch inspiriert und sehen wie Schlangen, Federn, Sonnen und Löwen aus. Vor der Kirche befindet sich ein restaurierter Wasserschöpfbrunnen, eine sogenannte Noria, der früher von Kamelen in Gang gesetzt wurde. Inzwischen ist es nur noch eine Touristenattraktion, die unregelmäßig von einem Esel angetriebenwird. ☉Tägl.9-15 Uhr, 🕯Einschaltung der Kirchenbeleuchtung 6 min. 1,00€, ⌂ FV-30, Calle La Regla,8- 35628 Pájara > Ortsmitte

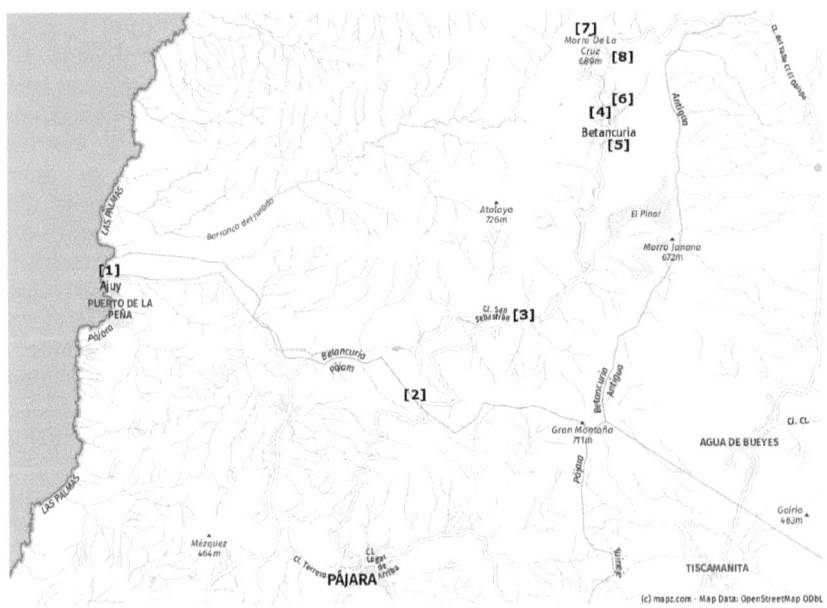

26 Ajuy

Die FV-621 führt direkt zu dem kleinen Fischerdorf **Ajuy[1]**, das auch Puerto de la Peña- Hafen an der Felsküste- genannt wird. Der 10 km lange Küstenabschnitt wurde aufgrund seiner bedeutenden Geschichte und den beeindruckenden Kalksandstein- Formationen im Jahr 1994 zum Naturdenkmal Monumento Natural erklärt.

Zwischen den Klippen treffen Sie auf den schönen, tiefschwarzen Sandstrand Playa de Los Muertos- den Strand der Toten. Der Name stammt noch aus der Eroberungszeit, als Piraten hier vor Ort gingen und unter den Einwohnern ein grausames Blutbad anrichteten. Sie können sich sonnen, aber sollten wegen starken Unterströmungen auf keinen Fall baden gehen.

Rechts neben dem Strand führt ein Fussweg zu den Highlights des Ortes. Sie gehen entlang der schroffen Küste und sehen nach ca. 20 Minuten die ersten Kalkbrennöfen. Hier können Sie heruntergehen, oder dem Trampelpfad folgen. Sie kommen auf eine Aussichtsplattform von der Sie bergab über Stufen die große Vulkanhöhle entdecken können. In den weitlaufigen abzweigenden Tunneln fanden seinerzeit die Bewohner bei Piratenangriffen Zuflucht. ❶Sie können am ausgewiesenen Parkplatz oberhalb des Fischerdorfs parken, oder weiter bis zum 2. Parkplatz direkt am Strand fahren. ⌂ FV- 621

27 Vega de Río Palmas

Von Pájara führt die FV-30 Richtung Betancuria. Die kurvenreiche Strecke geht an bis zu 700 m hohen Vulkangipfeln vorbei und bietet fantastische Aussichten bis zum Meer.

Kurz nach dem Straßenschild Degollada de los Granadillos befindet sich die 1. Aussichtsplattform Mirador del Risco de la Peña. Auf der Weiterfahrt treffen Sie auf den 2. Aussichtspunkt **Mirador Las Peñitas[2]**, von dem Sie auf einen von Palmen umrandeten Stausee blicken. Die Gemeinde plante hier einen groß angelegten Stausee, um Wasser für die Landwirtschaft zu nutzen. Wuchernde Tamarisken- Gewächse an den Ufern machten das Wasser salzig und führten zur Verlandung des Sees. Umweltschützer setzten sich für den Erhalt der Bäume ein, sodass inzwischen die Stausee nur noch nach starken Regenfällen ansatzweise als See zu erkennen ist.

Im Dorf angekommen, besteht die Möglichkeit bis zum Anfang des Stausees zu fahren. ⌂ FV-30> am Ortsende links> Calle San Sebastián> nach dem Casa de la Naturaleza links> Calle Puerto de la Peña> dem Straßenverlauf bis zum Ende folgen,❶ Der direkte Zutritt zum Stausee ist wegen einer privaten Absperrung nicht erlaubt. Hier wurden Kakteen für die Koschenillen- Zucht angepflanzt. Auf den Blättern sehen Sie eine weiße Schimmelschicht, unter der die Koschenillen wachsen. Die Laus stammt ursprünglich aus Mexiko und produziert einen roten Farbstoff, der zum Färben von Stoffen, Lebensmitteln dient und auch in der Kosmetik eingesetzt wird. Im Jahr 1835 wurde die Laus nach Lanzarote und Fuerteventura importiert. Die Ableger der Kakteen werden im Frühjahr mit dem Insekt infiziert. Im Sommer werden die herangewachsenen dicken Läuse mit Blechlöffeln abgeschabt, getrocknet und nach traditionellen Verfahren gereinigt. Mit der künstlichen Herstellung des roten Farbstoffs verlor die Zucht an Bedeutung. Durch die Rückbesinnung auf natürliche Rohstoffe erfährt die Koschenille momentan ein Rivial auf den Inseln.

Am Ende des Ortes befindet sich die Wallfahrtskirche **Virgen de La Peña[3]**. Sie beherbergt die Schutzheilige der Insel Fuerteventura. Im Mittelpunkt des Hauptaltars steht die Nuestra Señora de la Peña- die Heilige Jungfrau Maria. Nach der Virgen de Las Nieves auf La Palma ist sie das zweitälteste Marienbild auf den Kanaren. Die nur 23 cm hohe Statue wurde aus Alabaster gefertigt und wird von einer silbernen Sonne und einem goldenen Halbmond umrahmt. Es wird angenommen, dass der Eroberer Juan de Béthencourt die kleine Madonna aus Frankreich auf die Insel mitbrachte. Danach soll die Statue von einem Franziskanermönch aus Betancuria an einem naheliegenden Vulkanberg gefunden worden sein und kam zur Aufbewahrung ins Kloster Convento de San Buenaventura. Als der Pirat Xabán Arráez in Betancuria einfiel, um die Stadt zu zerstören, entschlossen sich die Mönche die Madonnenstatue unterhalb des Ortes zu verstecken. Jahre später wurde sie in einer kleinen Höhle entdeckt und in die Wallfahrtskirche gebracht. ☻Tägl. 10-15 Uhr, ⌂ FV- 30

28 Betancuria

Betancuria ist mit über 150 qkm der größte Naturpark der Insel und nimmt 10% der Gesamtfläche ein. Der Ort war Inselhauptstadt und hat eine lange Geschichte: Der französische Edelmann und Ritter Jean de Béthencourt hatte im Auftrag seines Königs Heinrich III. Fuerteventura im Handumdrehen von Lanzarote aus erobert. Er gründete Betancuria als erste Stadt auf dem gesamten Archipel und verlieh ihr seinen Namen. Nach der Vertreibung der Ureinwohner wurden Handweker und Bauern in dem damals noch wasserrreichen Tal angesiedelt. Dank ihrer handwerklichen Fähigkeiten und ihres ausgeprägten Wissens über Ackerbau und Viehzucht entwickelte sich die Stadt rasant. Im Jahr 1593 überfielen nordafrikanische Piraten mit dem gefürchteten Anführer Xabán de Arráez Betancuria und machten sie fast vollständig dem Erdboden gleich. Doch bereits im selben Jahr begannen die Wiederaufbauarbeiten der Stadt. Zu jener Zeit prägten viele Herrenhäuser das Erscheinungsbild der Stadt. Als im Jahr 1835 Puerto de Cabras, das heutige Puerto del Rosario, zur Inselhauptstadt ernannt wurde, verlor Betancuria an Bedeutung.

Inmitten von Herrenhäusern von einstigen Adeligen und Kirchenmitgliedern und bescheidenen Behausungen von Bauern und Handwerkern steht die Kirche **Santa Maria de Betancuria[4]**. Sie geht auf das Jahr 1410 zurück und wurde von dem Eroberer Jean de Béthencourt in Auftrag gegeben. Das Gebäude sollte das nach der Eroberung gebaute Oratorium ersetzen und das von den Eroberern mitgebrachte Jungfernbild beherbergen. Hier wurden auch die Ureinwohner, die die Eroberung überlebten, christianisiert. Nach dem Piratenangriff im Jahr 1593 brannte die Kirche und andere Gebäude des Dorfes ab. Die Bewohner begannen bald mit der Restaurierung. Unter der finalen Leitung des Baumeisters Pedro de Párraga dauerte der Wiederaufbau der Kirche bis zum Ende des 17. Jahrhunderts an. Mehr als ein Jahrhundert Bauarbeiten hinterließen eine Mischung aus Gotik, Renaissance, Barock und Mudéjar- Stil.

Die Kirche von Betancuria war Sitz des Domkapitels. Sie hebt sich durch ihre Größe und ihrem Reichtum an Baumaterialien von den anderen Kirchen der Insel ab. Das Gotteshaus besteht aus 3 Schiffen, die durch halbkreisförmige Steinbögen getrennt sind. Die Holzdecken sind im Mudéjar- Stil gefertigt und der quadratische Turm ist mit Halbkreis- und Spitzbögen an der Epistelmauer befestigt. Die Fassade ist im Renaissance- Stil gehalten. Sie ist in weißem Stein gehauen und mit einem gebrochenen Giebel versehen. Hervorzuheben sind die mit Vasen und Pflanzenmotiven verzierten Säulen. Nach dem Eingangsportal sehen Sie einen vergoldeten, mit mehrfarbigen Pflanzenmotiven gestalteten Altar aus dem 17. Jahrhundert. Es ist das Werk des Bildhauers Francisco Hernández. Im Mittelpunkt steht die Nuestra Señora de la Concepción- die Jungfrau der Empfängnis aus dem 18. Jahrhundert. In den umliegenden Nischen wird sie von den Statuen des San Antonio de Padua- des Heiligen Antonius von Padua und San Pedro- dem Heiligen Petrus umgeben. Zudem sehen Sie 7 weitere Altaraufsätze, von denen der barocke Altar der Inmaculata Concepción- der Jungfrau der Unbefleckten Empfängnis hervorsticht. Der Rest des bildhauerischen Inventars besteht aus Bildern, die die franziskanische Frömmigkeit wiederspiegeln. Des Weiteren treffen Sie auf ein Seelenbild, eine Kanzel mit den Aposteln und Elementen der Eucharistie, ähnlich denen, die man auch in anderen Kirchen auf Fuerteventura findet und einen geschnitzen mehrfarbigen Chor aus Holz.

Der Besuch der Kirche endet in der Sakristei, in der sich das Museum für Sakrale Kunst- Museo de Arte Sacro befindet. Hier zieht die reich verzierte Mudéjar- Kassettendecke alle Blicke auf sich. Sie ist in kleine Kästchen unterteilt und mit mehrfarbigen Rosetten und vergoldeten Pflanzenelementen verziert. An den Wänden hängen Leinwände aus dem 17. Jahrhundert. Sie stellen Szenen aus dem Leben der Jungfrau Maria und Jesus dar. Auf einem weiteren Gemälde des tenerifenischen Malers Nicolás Medina aus dem Jahr 1730 ist das Kirchenschiff abgebildet.

☸ Mo-Sa 10- 12.30/13-15.50 Uhr, So 10.30-14.20 Uhr, ♟1,50 €,⌂ Plaza Santa Maria de Betancuria,1- 35637 Betancuria

Im Gebäudekomplex vor der Kirche befindet sich ein großer Souvenirshop mit unzähligen Artikeln. Daneben liegt das Centro Insular de Artesanía. Im Innenhof gehen Sie durch eine kleine völkerkundliche Ausstellung, in der Sie einen Eindruck vom Leben, Arbeiten und Schaffen der Ureinwohner erhalten. Der Besuch beinhaltet eine 3D- Filmvorführung über die Unterwasserwelt der Insel. Durch die Gartenanlage gelangen zu dem Café- Restaurant mit Außenterrasse der Anlage. ☸ Tägl. 10- 16 Uhr, ♟6,00 €, ➀Das Café können Sie ohne Eintritt über die Gebäuderückseite betreten.⌂ Plaza Concepción, 11- 35637 Betancuria

An der Hauptstraße FV-30 liegt das neu erbaute **Museo Arqueologico Insular[5]**. ➀Auf Nachfrage bei der offiziell zuständigen Stelle findet die Eröffnung des archäologischen Inselmuseums in diesem Jahr statt. Der Termin war bei Drucklegung noch nicht bekannt, ⌂FV-30- km 17, Calle Amador Rodriguez-35637 Betancuria

Am Ortsausgangsschild von Betancuria- Richtung Mirador de Morro Velosa geht rechts eine betonierte Straße bergab. Sie führt zu den Ruinen der Klosterkirche **Convento de San Buenaventura[6]**. Kurz nachdem die spanische Krone die Insel erobert hatte, wurde hier im Jahr 1416 mit dem Bau des ersten Franziskanerklosters auf den Kanarischen Inseln begonnen. Die Missionare hatten die Aufgabe die heidnischen Ureinwohner zu christianisieren. An der linken Eingangsseite des Gebäudes sehen Sie eine kleine Marmortafel. Diese geht in Gedenken auf einen der spanischen Eroberer namens Diego García de Herrera zurück. Er wählte Fuerteventura als Ausgangspunkt für seinen Sklavenhandel und wurde im Jahr 1485 im Kloster beigesetzt. Gegenüber der Klosterruine erreichen Sie durch eine kleine Maueröffnung die Einsiedelei San Diego. Sie wurde in der zweiten Hälfte des siebzehnten Jahrhunderts errichtet und ist dauerhaft geschlossen. Der Überlieferung nach wurde sie an der Stelle einer kleinen Höhle errichtet, in der der Heilige Diego während seines Aufenthalts in Betancuria zwischen den Jahren 1441 und 1449 betete. San Diego de Alcalá wurde 1441 den Kanarischen Inseln zugewiesen und nahm fünf Jahre später das Amt des Abts an. Dort widmete er sich der Christianisierung der Eingeborenen und verteidigte sie vor der Raubgier der spanischen Eroberer. Dies bereitete ihm viele Probleme, sodass er im Jahr 1449 gezwungen war nach Spanien zurückzukehren. ⌂ FV-30

Auf der Weiterfahrt zum Mirador de Morro Velosa, liegt der **Mirador de Guise y Ayose[7]**. Die FV-30 teilt den Aussichtspunkt, der zwischen Betancuria auf der rechten Seite und dem Tal Valle Santa Inés auf der linken Seite liegt. Bis zur Ankunft der Eroberer war Fuerteventura in zwei Königreiche aufgeteilt: Maxorata im Norden und Jandía im Süden. Die beeindruckenden 4,50m hohen Statuen präsentieren Guise, den König von Maxorata und Ayose, den König von Jandía. Ohne blutige Schlachten gegen die Eroberer führen, ergaben sich kampfrei ihren Gegnern und ließen sich christianisieren. Die Taufen fanden am 18. und 28. Januar 1405 statt, mit denen sie die neuen Namen Luis und Alfonso erhielten. ⌂ FV-30

29 Mirador de Morro Velosa

Bei der Weiterfahrt über die FV-30 kommen Sie zum 645 m hohen Vulkanberg Tegú mit dem Aussichtspunkt **Mirador de Morro Velosa[8]**. Er wurde von dem lanzarotenischen Künstler César Manrique (1919-1992) im Stil eines kanarischen Herrenhauses entworfen und im Jahr 1997 fertig gestellt. ⓘAuf Nachfrage bei der offiziell zuständigen Stelle wurde der Mirador für Renovierungsarbeiten am 17.05.2019 geschlossen. Bereits im Jahr 2011 wurde der Morro Velosa renoviert. Die damals für 6 Monate angestzten Tätigkeiten dauerten letztendlich 20 Monate.

Platz für eigene Notizen...✎...

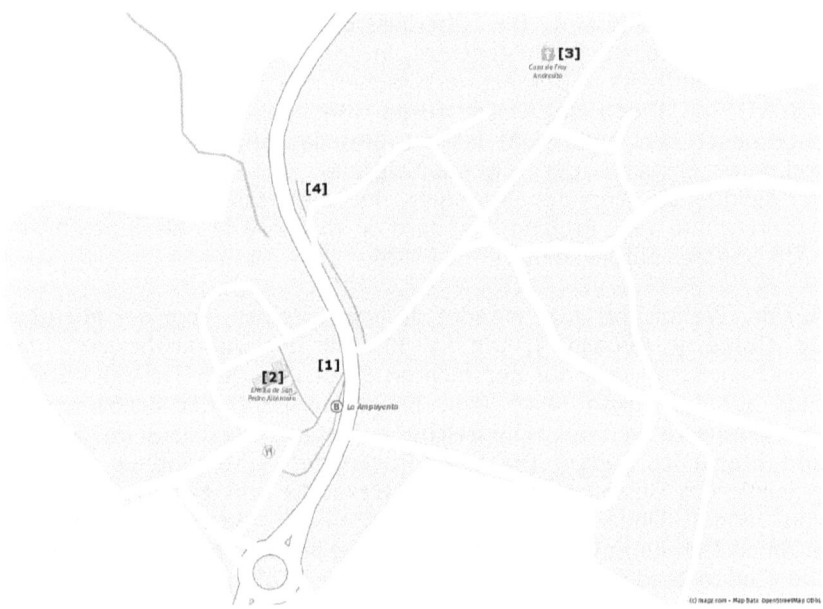

30 La Ampuyenta

Das verschlafene Dorf liegt an der FV-20, km-15 zwischen Casillas de Angel und Antigua.

An der Hauptdurchgangsstraße liegt ein Gebäudekomplex, der aus drei miteinander verbunden Häusern besteht. Das Bauwerk wurde als Krankenhaus- Hospital San Conrado y San Gaspar erbaut, aber nie als solches genutzt. Momentan beherbergt es die Touristeninformation. Auf der Rückseite starten kostenfrei geführte Touren zu den Attraktionen des Dorfes. Sie sehen die Ermita de San Pedro de Alcantara, das Geburtshaus von Frailito Andrés, das Casa Museo Doctor Mena und das Krankenhaus. ✪Di- Sa 10.30/ 12.30/ 14.30 +16.00 Uhr, ✪ Um die Durchführung der Tour sicherzustellen, kontaktieren Sie, oder Ihre Hotelrezeption bitte die Tel. 928 85 89 98 (Mo-Fr 8-15 Uhr). Sollte die Führung nicht stattfinden, können Sie einen kleinen Rundgang durch La Ampuyenta auf eigene Faust starten: Auf der Rückseite des **Hospital San Conrado y San Gaspar[1]** treffen Sie direkt die **Ermita de San Pedro de Alcantara[2]**. Die kleine Kirche wurde im Jahr 1681 von Don Pedro Medina und seiner Frau Doña Agustina de Bethancourt gegründet. Sie ist von einer zinnenbewehrten Mauer umgeben. Die Fassade hat ein Rundbogenportal, über dem ein rundes dekoratives Oculus-Fenster difuses Licht ins Gebäude lässt. Im Inneren befindet sich eine bedeutende Sammlung von Gemälden, Wandmalereien und Staffeleinen, die auf die zweite Hälfte des 18. Jahrhundert datiert werden. Die Wandmalereien der Kapelle gelten als eine der wichtigsten erhaltenen der Kanarischen Inseln, in der sich Malerei, Architektur und Skulptur vermischen. Das bedeutende Vermächtnis von San Pedro de Alcántara de La Ampuyenta umfasst 16 verschiedene Gemälde, von denen die meisten die Figur des San Pedro- des Heiligen Petrus allegorisch darstellen, sowie ein Hauptaltarbild, mehrere Skulpturen und die Wanderungen des Heiligen. Die Verehrung erreichte ihren Höhepunkt mit seiner Heiligsprechung im Jahr 1669.

Sie kehren zum Hospital zurück, gehen über die Ampel und biegen in die gegenüberliegende Straße Camino Ampuyenta ein. Vorbei an einer inseltypischen Ruine auf der linken Seite folgen Sie dem Straßenverlauf. Sie kommen auf einen kleinen Kreisverkehr mit der Büste von Fray Andresito zu und gehen weiter gerade aus. Neben Haus Nr. 15b befindet sich das **Casa de Fray Andresito[3]**. Das Haus ist ein kleines und einfaches Heiligtum zu Ehren des Franziskanermönchs Andrés Filomeno García Acosta. Er war auch als Fray Andresito- Bruder Andresito oder Frailito Andrés bekannt und wurde im Jahr 1800 in Ampuyenta geboren. Er lebte dort mit seinen Geschwistern Eugenio und Maria bis zum Jahr 1833. Danach wanderte er über Uruguay nach Chile aus. In Montevideo schloss er sich dem Franziskanerorden an und siedelte in die Hauptstadt Santiago de Chile über. Er verstarb im Jahr 1853. Fray Andresito ist als Apostel der Armen bekannt und gilt aufgrund seiner barmherzigen Taten als einer der geachtesten Personen der kirchlichen Welt. Das Gebäude wurde der Inselregierung geschenkt, die es detailgetreu restaurierte. Im Mittelpunkt steht das Altargemälde unter dem die Gläubigen Opfergaben und Spenden hinterlassen. ☻ Täglich.

Wenn Sie zur Hauptstraße zurückkehren und rechts herunter gehen, treffen Sie auf das **Casa Museo Doctor Mena[4]**. Tomás Antonio de San Pedro Mena Mesa, auf Fuerteventura besser bekannt als Doktor Mena, wurde am 20. Februar 1802 in La Ampuyenta in einer sehr bescheidenen Familie ohne finanzielle Mittel geboren und bereits nach wenigen Wochen am 12. März in der Pfarrkirche von Santa Ana in Casillas del Ángel getauft. Seine Eltern, José León Mena Medina und María de San Diego Mesa y Carrión, mussten 10 Scheffel Gerste verkaufen, um ihn zum Studium nach Las Palmas zu schicken, da es in der Gemeinde weder Schulen noch Lehrer begab.

Nachdem er sein Grundstudium abgeschlossen hatte, begann er seine Studien, die er am 19. Februar 1820 mit Auszeichnung bestand und einen Lehrstuhl für Philosophie zugewiesen bekam. Dr. Mena trat von diesem Stuhl zurück, als er von seinem Bruder Conrado gerufen wurde, der Priester in Havanna war und ein gewisses Vermögen hatte. Man sagt, dass er im Hafen von Havanna mit nichts als seinem Gepäck, einem Hemd und einem Taschentuch ankam. Er begann sein Universitätsstudium in Kuba, musste aber zuvor seinen Stammbaum vorlegen, der zeigte, dass er keine Mischung oder Rasse von Mauren, Juden, Ketzern oder Gefangenen unter seinen Vorfahren hatte. Um seine Person zu identifizieren, stellte er als Zeugen Francisco Bueno und José Sicilia, Eingeborene von Fuerteventura vor, die erklärten, er sei der Sohn von José León Mena und María de San Diego Mesa, Eingeborene von Casillas del Ángel. Nachdem die Legitimität bestätigt wurde, begann er sein Medizinstudium.

Am 27. März 1825 wurde ihm der Grad eines Bachelor der Medizin und Bachelor der Chirugie verliehen. Überzeugt davon, dass er viel zu lernen hatte, machte er sich auf den Weg nach Paris, besuchte Krankenhäuser und vertiefte sich in seine Studien. Der Aufenthalt in Paris dauerte sechs Jahre und vermittelte ihm umfangreiche medizinische Kenntnisse. Nach dieser Zeit kehrte er nach Havanna zurück, wo er seine Praxis eröffnete und bei mehreren Epidemien von Gelbfieber und Cholera assistierte. Er bewies sich als hervorragender Arzt und fähiger Chirug. Am 1. Juli 1846 wurde er zum Akademiker der Fakultät für Medizin und Chirurgie von Cádiz ernannt.

Im Alter von 45 Jahren kehrte er in Begleitung seines Dieners nach Fuerteventura zurück, um den Rest seines Lebens mit seiner Mutter zu verbringen, die zum zweiten Mal verwitwet war und weiterhin in seinem Geburtsort lebte.

Er beschloss für den Rest seiner Tage ein beschauliches Leben zu führen und fernab vom Lärm der Großstädte zu leben. Jedoch konnte er sich nicht, wie er es sich gewünscht hatte, von seinem Beruf als Arzt lösen. Er fühlte sich verpflichtet die Kranken Kostenlos in seiner Praxis zu behandeln.

Dr. Mena reiste oft nach Teneriffa, wo er viele Freunde hatte. Er hatte ein Sommerhaus in Los Rodeos (La Laguna), eine rustikale Finca in Guamasa und eine weitere in El Tornero (Tegueste). Auf Fuerteventura besaß er Grundstücke in Casillas del Ángel, Tefía, Los Llanos und Ampuyenta, Betancuria, im Santa Inés-Tal, La Antigua, Vega de Tetir, Valle de Jaifas in La Oliva, Costa de Los Lajares und Puerto Cabras.

Er baute ein zweistöckiges, einsames Haus in El Buen Lugar, ganz in der Nähe des Barranco de Los Molinos, wo er bei seiner Rückkehr aus Teneriffa wochenlang, umgeben von seinen auf Französisch veröffentlichten Büchern, Zeit verbrachte. In diesem Haus bewahrte er die Bibliothek und die chirurgischen Instrumente auf, die er später seinem Partner und Freund Don Bernardo Espinosa testamentarisch hinterlies.

Die umfangreiche Bibliothek von Doktor Mena wurde von seinen Verwandten nach seinem Tod verbrannt, um Weizen und Mais zu rösten.

Nach dem Tod seiner Mutter litt er an einer Herzkrankheit, so dass er sich entschloss, nach Teneriffa zu ziehen, in die Residenz von Frau Antonia Rodríguez Núñez, die sich bis zu seinem Tod am 10. Juli 1868, im Alter von 66 Jahren, um ihn kümmerte. Das Haus in La Ampuyenta, in dem er die letzten Jahre seines Lebens verbrachte, wurde zu seinen Ehren in das Casa Museo Doctor Mena umgewandelt.

In seinem Testament vom 26. Juli 1864, das er vier Jahre vor seinem Tod verfasste, hinterließ Dr. Mena ein Erbe von 25.000 Peseten für den Bau eines Krankenhauses, das heute als "Hospitalito de la Ampuyenta" bekannt ist.

Molino [7]   **Molina[8]**

Platz für eigene Notizen...✎...

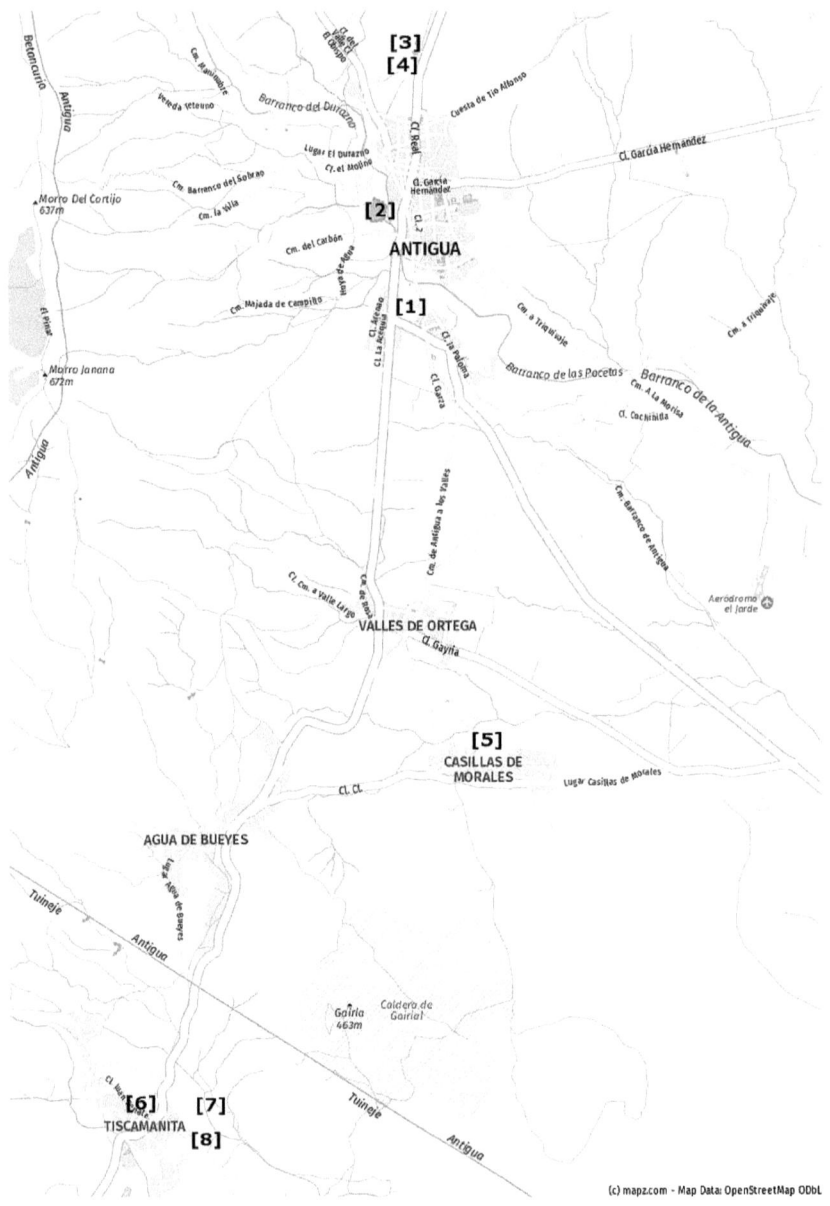

[3]
[4]

[2]

ANTIGUA

[1]

VALLES DE ORTEGA

[5]
CASILLAS DE
MORALES

AGUA DE BUEYES

[6]   [7]
TISCAMANITA
       [8]

(c) mapz.com - Map Data: OpenStreetMap ODbL

31 Antigua

La Antigua ist eines der ersten Dörfer, die auf Fuerteventura entstanden sind. Die Gründung geht auf die zweite Hälfte des 15. Jahrhunderts zurück, als sich nach der Eroberung französische Normannen und andalusische Familien niederließen. Sie nutzten die fruchtbaren Böden für den Ackerbau und betrieben Viehzucht. Erst am 07. Oktober 1462 schaffte Papst Pius II. die Gefangenschaft und Sklaverei der kanarischen Ureinwohner ab. Von diesem Moment an kamen die ersten Marienbilder auf den Kanarischen Inseln an.

Der Name La Antigua ist höchstwahrscheinlich auf den Wunsch der ersten Siedler zurückzuführen, die Heilige Jungfrau zu ehren, da diese Anrufung sowohl in Andalusien als auch in Kastilien sehr verbreitet war. Aufzeichnungen zufolge existierte bereits um 1550 eine, der Jungfrau von Antigua gewidmete Einsiedelei im Dorf Antigua. Diese Kapelle wurde erweitert und umgestaltet, bis sie den heutigen Zustand der Kirche Nuestra Señora de La Antigua erreichte.

Ab Mitte des 16. Jahrhunderts versuchte La Antigua sich vom religiösen und politischen Zentralismus von Betancuriana zu befreien. Betancuria kämpfte gegen alles, was ihren Status als Hauptstadt hätte gefährden können, da die Feudalherren wussten, dass La Antigua die fruchtbarsten Gebiete mit größerer wirtschaftlicher Entwicklung und demographischem Wachstum hatte.

Der religiöse Zerfall der historischen Villa de Betancuria wurde am 11. September 1785 erreicht, als die Pfarrkirche Nuestra Señora de La Antigua eingeweiht wurde.

1812 wurde Antigua als unabhängige Gemeinde gegründet, ein Prozess, der bereits im Jahr 1808 begann. Im Jahr 1834 wurde Antigua Inselhauptstadt. Dies führte zu einer erbitterten Konfrontation zwischen Diego del Castillo Zeruto, dem Bürgermeister von Antigua, und Ambrosio Bethencourt Robles, dem Burgermeister von Betancuria, der sich weigerte, die Archive der "Notariats-Protokolle von Fuerteventura" auf die neue Hauptstadt der Insel zu übertragen. Zu jener Zeit fanden Demonstrationen statt, einschließlich bewaffneter Gefangenschaft, die die Milizen zur Durchsetzung der Ordnung zwangen. Schließlich wurde das Archiv im Jahr 1850 auf Anordnung der Königlichen Audienz der Kanarischen Inseln im Rathaus von Antigua deponiert, bis es 1930 dem Kanarischen Museum zur Aufbewahrung übergeben wurde. Im Jahr 1860 verlor La Antigua jedoch gänzlich an Bedeutung, als der damalige Puerto de Cabras, der jetzige Puerto del Rosario, zum Regierungssitz ernannt wurde. Am Ortseingang, aus Tiscamanita kommend, zeugt ein stattliches, pastellfarbenes **Herrenhaus[1]** im

Kolonialstil von Antiguas ehemaliger Bedeutung und einstigem Reichtum. ⌂ FV-20, km-20. Sehenswert ist die Kirche **Nuestra Señora de la Antigua[2]**, die im Jahr 1785 eingeweiht wurde. ⊕tägl., ⌂ Calle Plaza3, 35630 Antigua

Zur größten Attraktion zählt die Windmühle **Molino de Antigua[3]** mit dem Käsereimuseum **Museo de Queso Majorero- MQM[4]**.

Die Geschichte der Ziegenzucht und des Käses auf Fuerteventura begann mit den ersten Siedlern der Insel und reicht bis ins erste Jahrhundert n. Chr. zurück.

Bereits im Jahr 1403 lobten die normannischen Eroberer die Köstlichkeiten des Ziegenkäses. Ein zeitgenössischer Chroniker schrieb: "Sie sind gut mit Käse versorgt, der extrem gut ist, der bekannteste in diesen Regionen, wird nur aus Ziegenmilch hergestellt, von der das ganze Land voll ist, mehr als auf jeder anderen Insel; und jedes Jahr könnte man 60.000 Ziegen nehmen und ihr Leder und Fett zu nutzen, von denen jedes Tier viel,… mindestens 30 oder 40 Pfund bringt".

Mehr als 2.000 Jahre nach diesen Anfängen wurde das MQM- Museo del Queso Majorero geplant und durchgeführt. Im Mittelpunkt steht die restaurierte Windmühle von Antigua aus dem 17. Jahrhundert. Der Eingang befindet sich an der linken Seite des Gebäudes. Auf einer Fläche von 500 qm ehalten Sie in 3 Ausstellungsräumen wissenswertes über Fuerteventura. Neben Geologie, Fauna und Flora wird die Ziege und der Majorero-Käse im zweiten Ausstellungsraum ausführlich thematisiert: Die Majorera-Ziegenrasse, die Beziehung zur natürlichen Umgebung, die Schäferei, das Melken und die Morphologie. Die dritte Ausstellung befasst sich mit Geschichte und Kultur: Traditionelle Herstellung, traditioneller Handel, Eigenschaften des Majorero-Käses, kanarischen Käsesorten, Herkunftsbezeichnung, Ernährungsaspekte und Rezepte. ⊕Im angerenzenden Innenhof mit Souvenirshop können Sie die Käsesorten verköstigen. Versäumen Sie nicht einen Abstecher in den Kakteengarten der Anlage zu machen, der sich etwas versteckt, links hinter dem Eingang befindet. ⊕ Di- Fr 9.30- 17.30 Uhr, ♦2,00 €, ⌂ FV-20, km19

32 Valles de Ortega

Nur 4 km südlich von Antigua, an der FV- 20, befindet sich der kleine Ort Valles de Ortega, der sich mit der Nachbargemeinde Casillas de Morales die Ermita de San Roque teilt. ⊕Zu Messezeiten geöffnet, ⌂Barrio Goma 31, 35638 Antigua. Die Kirche wurde im Jahr 1732 nach einer langen Pestepedemie von Bauern aus der Rgion gestiftet.

Schöne Fotomotive bieten die Ruinen in **Casillas de Morales[5]**, die Sie direkt auf dem Feld neben der Hauptstraße sehen.

33 Tiscamanita

Der markanteste Punkt von Tiscamanita ist eine alte, restaurierte Windmühle, in der sich das Interpretationszentrum **Centro de Interpretacion de Molinos [6]** befindet. Sie erkunden die Räumlich-keiten einer Müller- Familie und können die Gofio- Mühle begehen. ⊙Di-Sa 10- 17.30 Uhr, ♦2,00 €, ⊕ Am Eingang erhalten Sie eine Broschüre mit Erklärungen zu Mahlwerkzeugen wie Mörser, Handmühlen, Mühlsteinen, zum Mahlvorgang und der Herstellung von Gofio. ⌂ Calle La Cruz 11, 35683 Tiscamanita

Windmühlen- Molino oder Molina?
Windmühle auf Spanisch übersetzt heißt Molino, aber Windmühle ist nicht gleich Windmühle.
Die Eroberung und Kolonisierung Fuerteventuras brachte einen radikalen Wandel in der Lebensweise seiner Bewohner mit sich, die von einem Nomadenleben zu einem sesshaften Leben und zu einem vorwiegend landwirtschaftlichen Wirtschaftsmodell mit Getreideanbau übergingen. Das Bevölkerungswachstum führte zur Einführung neuer Produktionssysteme zur Herstellung von Basisprodukten wie Gofio und Mehl.
Zuerst kamen die sogenannten "Blutmühlen" zum Einsatz, in denen Tiere und Menschen für die Zerkleinerung des Getreides verantwortlich waren. Später wurden die Kräfte der Natur für diese schwere Arbeit genutzt, was zu einer erheblichen Steigerung der Produktion dieser Basisprodukte führte.
Die Windmühlen wurden auf Fuerteventura zwischen Ende des 18. und Anfang des 19. Jahrhunderts eingeführt, zu einer Zeit, in der der Anbau von Tomaten, Futterpflanzen, Weizen und Gerste florierte. Ihre Gründung wurde durch die Präsenz der Passatwinde begünstigt. Aus diesem Grund wurden sie an windoffenen Orten gebaut, vor allem im Norden und in der Mitte der Insel, wo sie die ländliche Landschaft prägten. Die Windmühlen führten allmählich zur Einstellung anderer traditionellerer Methoden des Getreidemahlens, wie die Tahona oder die Handmühle, die in fast jedem Haus zu finden waren. Obwohl sie nicht ganz verschwanden, wurden sie weiterhin auf häuslicher Ebene und in Zeiten der Windstille verwendet.
Es gibt zwei Typen von Windmühlen: Die **Molino[7]** und die **Molina[8]**.

El Molino: Die traditionelle Windmühle ist auf der Insel als "Männermühle" bekannt. Sie war die erste, die auf Fuerteventura ankam und ist eine Kopie der Mühlen von Kastilien. Sie sind kreisförmig und haben zwei bis drei Geschosse und vier bis sechs Windmühlenflügel. Die Fugen des Mauerwerks sind aus Lehm oder weißem Kalkmörtel. Das Mahlwerk besteht aus zwei Mühlsteinen, dem Trichter und der Rinne, die sich am Fuß des Turms befinden. Unter dem konischen Holzdach befindet sich das Zahnrad mit seiner Achse, die Pressschraube und die Windmühlenflügel, die auf einer leicht geneigten horizontalen Achse verankert sind. Die Ausrichtung des Blattrotors auf die vorherrschenden Winde erfolgt über eine Holzwelle oder ein Ruder, das sich am gegenüberliegenden Ende des Blattrotors befindet und die Drehung des abgeschrägten und beweglichen Holzdecks um 360º ermöglicht.

La Molina: In der zweiten Hälfte des 19. Jahrhunderts entstand auf der Insel La Palma eine neue Windmühle, die zu Ehren ihres Erfinders Isidoro Ortega Sánchez den Namen Ortega System erhielt. Sie ist der Vorläufer der Molino- Windmühle, die auf Fuerteventura und Lanzarote als Molina bekannt ist. Die Molinas stammen aus Variationen, die von örtlichen Tischlern und Handwerkern hergestellt wurden. Sie funktionieren ähnlich wie Molinos, haben jedoch einfachere Maschinen und ein anderes äußeres Erscheinungsbild. Auf einem eingeschossigen Gebäude befindet sich das Windrad. Der hölzerne Turm trug den gesamten Mechanismus und wurde von einem metallischen Zapfen getragen, der sich auf einer, auf dem Boden liegenden Eisenplatte drehte. Das Mahlwerk setzte sich aus zwei Mühlensteinen, dem Trichter und der Rinne zusammen. Das Gebäude bestand aus einem gemauerten Raum mit rechteckigem Grundriss, in dem der Müller seine Arbeit verrichtete. Dieses hatte den Vorteil, dass er nicht mit den schweren Getreidesäcken die Treppen auf und ab gehen musste.

Die folgenden Mühlen auf der Insel Fuerteventura sind zum Kulturerbe erklärt worden:

La Oliva: Molino de Corralejo, Molina de Manolo Hierro, Molino de Domingo Estévez, Molina de Juan Morera, die Molinos de Villaverde, Molino del Roque, Molino de Lajares, Molina de Lajares, Molina Tindaya-Tebeto.

Puerto del Rosario: Molino de Tefía, die Molinos de Los Llanos de La Concepción, Molina de La Asomada, Molina de Puerto Lajas und die Molinas de Almácigo.

La Antigua: Molino de Antigua, Molinos de Valles de Ortega, Molina de Valles de Ortega, Molino de La Antigua-Durazno und Molino de La Corte. Tuineje: Molino de Tiscamanita.

➊Erkunden Sie die geschichtsträchtigen Mühlen, die größtenteils restauriert wurden und jene, die auch abseits gelegen sind und dem Verfall unterliegen. Im Ort Pajara befindet sich vor der Kirche ein altes Wasserschöpfrad- eine Tahona, die bei der Anwesenheit von Touristen von einem Esel angetrieben wird.

Platz für eigene Notizen...🖉...

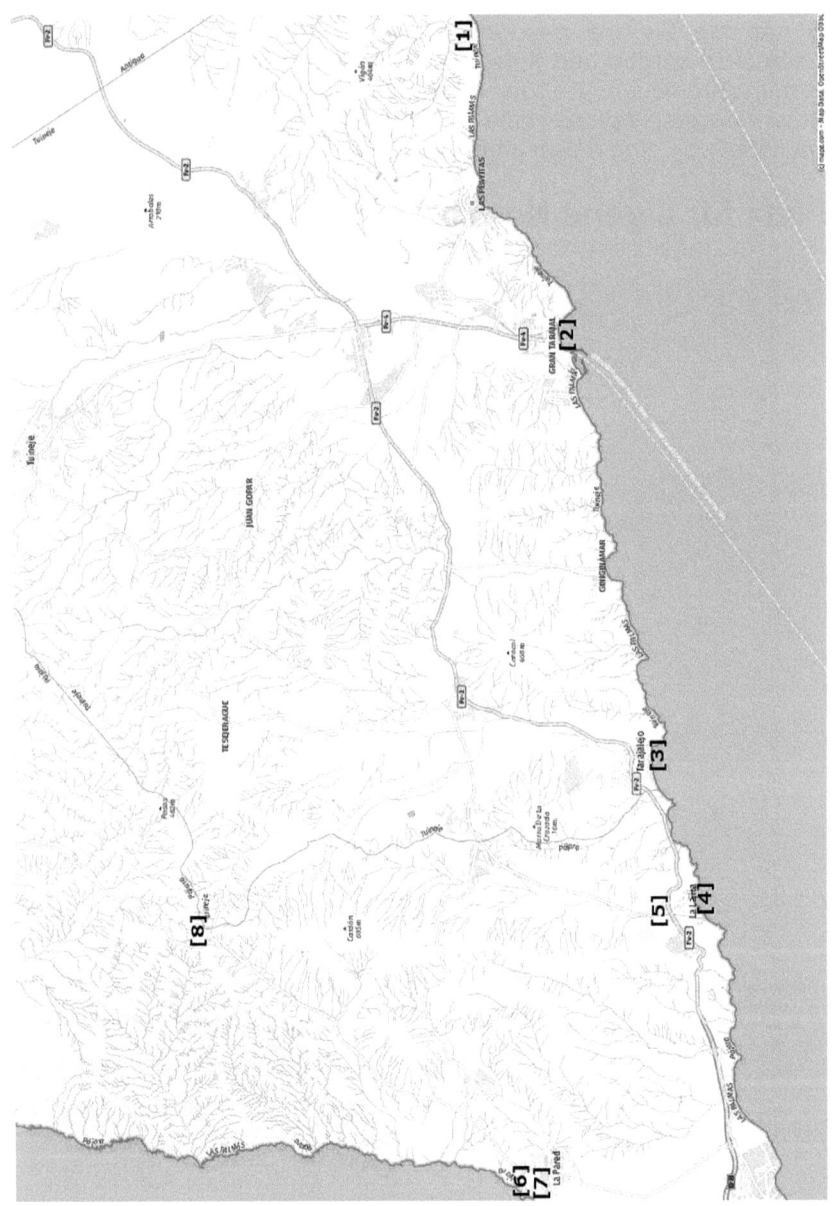

34 Las Playitas

Neben dem kleinen, malerischen Fischerort Las Playitas hat sich die riesige Ferienanlage Playitas Grand Resort mit Golf- und Tennisplätzen, sowie Tauch-, Surf- und Segelschulen angesiedelt. Am Hotelkomplex führt ein Weg direkt zum dunklen Sandstrand Playa de Las Playitas.

Er ist 700 m lang, 30 m breit und stellenweise mit Kies untersetzt. ⌂ Urb.-Puerto Azul- 35629 Las Playitas

Im Ort kommen Sie zum ausgeschilderten Leuchtturm **Faro Punta de la Entallada[1]**, den Sie über eine asphalierte Straße nach ca. 6 km erreichen. Bereits nach kurzer Fahrtstrecke entdecken Sie die Turmanlage, die auf einem 185 m hohen Vulkanberg steht.

Der pittoreske Leuchtturm ist nur etwa 48 Meilen vom Kap Jubi vor Afrika entfernt. Er ist für die Signalisierung der Ostküste zuständig und zwar auf dem Küstenstreifen, der sich vom Leuchtturm in der Hauptstadt Puerto del Rosario im Norden und dem Leuchtturm von Morro Jable im Süden erstreckt. Im Jahr 1954 war er in Spanien der letzte gebaute Leuchtturm mit dem klassischen Konzept eines Turms und einem Haus für den Leuchtturmwärter. In der Hauptfassade wurden schwarze Vulkansteine mit weißem Putz ummantelt. Die rotbraunen Steine der Gebäudekanten und vorspringenden Simsen und Sockeln stammen vom Vulkanberg Bermeja in der Gemeinde Tefía.

Die Anlage wurde bereits im Jahr 1921 entworfen und sah die Installation eines Leuchtfeuers am Punkt Lantaílla vor, das die Seefahrt in der engsten Passage zwischen der afrikanischen Küste und den Kanarischen Inseln leiten sollte. Was schließlich gebaut wurde, war ein Flugzeugscheinwerfer mit einer Glaskuppel über dem 11 Meter hohen Leuchtturm, der alle 18 Sekunden bei 30 Meilen für Schiffe und 15 Kilometer für Flugzeuge seine charakteristischen 1 und 2 weißen Lichtblitze abgibt, die dann die Strecke zwischen der spanischen Sahara und dem Flughafen Gando auf Gran Canaria bilden. ☼tägl., Besichtigung der Innenräume ist nicht möglich, ① vor dem Leuchtturm erreichen Sie über eine Holzrampe einen grandiosen Aussichtspunkt. ⌂ an der FV-511, ausgeschildert.

35 Gran Tarajal

Die FV- 4 führt entlang einer langen Palmenallee nach Gran Tarajal. Hier profitieren die Einheimischen von der guten Infrastruktur der Stadt. Sie bietet u.a. ein Postamt, ein Polizeipräsidium, einen zentralen Busbahnhof, Schulen, Sportplätze, eine Ringkampfarena, sowie zahlreiche Geschäfte und Restaurants.

Im Zentrum befindet sich die Pfarrkirche Nuestra Señora de la Candelaria. Sie wurde im Jahr 1900 dank einer großzügen Spende von Don Matías López, einem nach Kuba ausgewanderten Kanaren, der auch zum Ausbau des Hafens beitrug, errichtet. ☉ zur Messe geöffnet, ① Jährlich finden Ende Januar Festiviäten zu Ehren der Heiligen Señora de la Candelaria statt, △Calle Juan Carlos,1- Plaza de La Candelaria

Auf dem gegenüberliegenden Platz Plaza Alcalde Francisco De Léon García liegt unter schattenspendenen Lorbeerbäumen ein schöner Springbrunnen mit Seepferdchen aus Stein.

Vor der langen Uferpromenade erstreckt sich der dunklebraune Sandstrand **Playa de Gran Tarajal[2]**. Er ist 500 m lang, 100 m breit und auch für Kinder zum Baden geeignet.

Am Ende des Ortes befindet sich der Jachthafen, dessen vorderer Teil ein Walskelett schmückt.

36 Tarajalejo

Tarajalejo ist ein Ort mit Seefahrertraditionen, der als Fischerdorf im Schutz des Berghangs entstanden ist. Inzwischen haben sich hier viele Appartements und ein Hotelkomplex angesiedelt. Vor der Promenade liegt die Playa de Tarajalejo, ein feiner dunkler Sandstrand, der mit Kies und Kieselsteinen untersetzt ist. Er ist knapp 1,5 km lang und 45 m breit.

Anfang des 16. Jahrhunderts war die Mole ein Exportpunkt für Tiere, die von Fuerteventura nach Gran Canaria verschifft wurden. Vom 17. bis zum 18. Jahrhundert wurde der Hafen von Tarajalejo zur viertwichtigsten Mole Fuerteventuras und zur zweitwichtigsten im Süden der Insel. Obwohl er einer der geschäftigsten Häfen im Süden der Insel war, verfügte er über keine Befestigungen, um mögliche Piratenangriffe abzuwehren.

Eine breite Holzbrücke führt über einen Barranco, der bei starken Niederschlägen das Regenwasser ins Meer leitet und das Dorf in 2 Teile trennt.

Um der Uferpromenade einen neuen Glanz zu verleihen, wurden im November 2017 fünf beeindruckende Skulpturen aufgestellt. Sie stellen "das Meer und alles, was es ausmacht und vermittelt" dar. Das Ensemble des Freilichtmuseums **Mareseum [3]**wird auf Schautafeln erklärt. △FV-2, vor dem Hotel R2 Bahia Playa Design Hotel& SPA, Avenida las Palmeras,28- 35627 Tarajalejo

37 La Lajita

Vorbei an dunkelbraunen Vulkanbergen und kleinen Buchten mit schwarzen Lavasteinstränden führt die FV-2 nach La Lajita, einem kleinen, von Neubauten durchzogenen Nest. Der dunkle Steinstrand **Playa de La Lajita[4]** wird vorwiegend von Einheimischen genutzt. Am Strand liegen malerische Bötchen, mit denen die Fischer aufs Meer hinausfahren. Die Ermita de la Inmaculada, die nur zu Messezeiten geöffnet ist, befindet sich direkt in Strandnähe. ☻Sa 17-19 Uhr,⌂ Calle Tajinaste,1- 35627 La Lajita

Das eigentliche Highlight des Ortes ist der Park **Oasis Wildlife Fuerteventura[5]**. Er ist nach dem Loro Park auf Teneriffa der zweitgrößte Tierpark auf den Kanarischen Inseln. Auf einer Fläche von 800.000 qm können mehr als 3.000 Tiere aus 230 Arten, sowie der größte Kakteengarten Europas besichtigt werden. In der schön gestalteten Anlage trifft man u.a. auf unterschiedlichste Affenarten, Flamingos, Erdmännchen, Krokodile, Otter, Luchse, Giraffen, Flusspferde, Geparden, Nasenbären, Hirsche, Kamele, Elefanten, Lamas, Zebras, Gazellen, Emus und Pelikane. Zudem finden mehrmals täglich 4 Live- Shows statt: Papageien-, Seelöwen-, Reptilen- und die Greifvögel-Show.

❶Die Anreise kann individuell, oder kostenfrei mit Bussen des Oasis Parks aus allen Urlaubsorten der Insel erfolgen. Aufgrund der Größe der Anlage sollten Sie einen ganzen Tag für diesen Ausflug einplanen. Um alle Live- Shows zu sehen, empfielt es sich den Besuch rund um die Shows aufzubauen. Da die Wege sehr lang sind, schafft man es trotzdem fast nicht alle Shows zu sehen. Papageien: 9.45/10.45/11.45/12.45, Seelöwen: 11.15/15.45, Reptilien: 12.00/14.00,Greifvögel: 13.15/15.00 Uhr. Kostenpflichtige Attraktionen: Kamelsafari, Sea Lion Experience- Schwimmen mit Seelöwen und Lemur Experience- Körperkontakt mit Affen. Hierzu müssen Sie bereits an der Eingangskasse die Tickets kaufen. Kinderfreundlich: Viele Spielplätze, an den Hauptattraktionen können Futtertüten für die Tiere gekauft werden. Miet- Bollerwagen erleichtern die langen Wegstrecken.

Transferzeiten und Preise erfahren Sie an der Hotelrezeption oder unter www.oasiswildlifefuerteventura.com ⌂ FV-2, km 58

Jeden Sonntag findet der gut besuchte und sehenswerte Bauern- und Handwerkermarkt im Eingangsbereich des Oasis Wildlife Fuerteventura Parks statt. Von lokalen Künstlern und Erzeugern werden ausschließlich handgefertigte Produkte und lokale Lebensmittel angeboten. ☻So 9-13 Uhr, ⌂ FV-2, km 58

38 La Pared

La Pared befindet sich an der Nordwestküste von Jandía. Der Name ist auf eine Steinmauer zurückzuführen, die von der Ost- zur Westküste an der schmalsten Inselstelle, dem Istmo de la Pared, verlief. Sie ist eine der wichtigsten archäologischen Stätten Fuerteventuras. Die Mauer wurde erstmals im 15. Jahrhundert im Zuge der normannischen Eroberung erwähnt. Es handelt sich um eine vorspanische Konstruktion auf der Landenge, die die Halbinsel Jandia mit dem Rest der Insel verband. Von der 6 km langen Steinmauer sind jetzt nur noch einige wenige Abschnitte übrig geblieben, die eine Höhe von 80 cm und eine Breite von 50 cm haben. Die fehlenden Steine wurden seinerzeit von den ersten Siedlern genutzt, um Häuser zu bauen.

Vor der Inseleroberung war Fuerteventura in die Königreiche Maxorata und Jandía aufgeteilt. König Guise regierte den Norden der Insel und sein Bruder König Ayose den Süden. Die beiden Könige lebten selten in Harmonie und trennten durch diese Mauer ihre Herrschaftsgebiete. ① An der FV-30, zwischen Beancuraia und La Antigua wurden die übergroßen, 4,50m hohen Statuen der Könige am Mirador de Guise y Ayose in Szene gesetzt. Bis heute besteht die gleiche Feindschaft zwischen den Majoreros und den Hirten der Halbinsel Jandia. Praktisch bleibt die Mauer bestehen, da einige Ziegen die festgelegten Grenzen überspringen und sofort vom Nachbarn gefangen werden.

In den 1970-er Jahren scheiterte der Plan der Inselregierung den Küstenbereich von La Pared in eine exklusive touristische Enklave umzuwandeln. Inzwischen finden Sie hier deutsche Residenten mit schönen Wohnhäusern.

An der Küste treffen Sie auf zwei traumhafte Buchten. Die **Playa del Viejo Rey[6]** ist von Klippen umgeben und verleihen dem 800 m langen und 20 m breiten Sandstrand einen wilden Charakter. Ohne Zweifel gehört dieser Abschnitt zu den schönsten der Nordwestküste. Hier kommen Wellenreiter der anliegenden Surfschulen auf ihre Kosten. ① Den Strand erreichen Sie über Treppen, ⌂FV-605, Calle Valle Ancho, gerade aus durch den Kreisverkehr- Avenida del Istmo- bis zum Ende

Von der Anhöhe blicken Sie auf die Playa de La Pared mit dem einmaligen Felsentor- **Mirador La Pared[7]**. Der kurze Strandabschnitt ist aufgrund extrem starker Unterströmen nicht zum Baden geeignet. Dennoch möchten die kleinen Erdmännchen entlang der Sandsein- Felsformation gefüttert werden. ⌂FV-605, Calle Valle Ancho, im Kreisverkehr rechts – Richtung Restaurante Bahia Pared

39 Mirador Astronómico de Sicasumbre

Der astronomische Aussichtspunkt **Mirador Astronómico de Sicasumbre[8]** befindet auf der Strecke zwischen La Pared und Pájara und war der erste Mirador auf der Insel Fuerteventura. Er ist angelegt um den Nachthimmel zu beobachten, bietet aber auch tagsüber wunderschöne Aussichten. Sie sehen auf das Naturmonument des Berges Montaña Cardón, den Naturpark Jandía sowie den Montaña Hendida und die Degollada del Viento. Der Pfad zum Aussichtspunkt ist relativ gut ausgebaut, auf halbem Weg gibt es einen kleinen Rastplatz mit einer Holzpergola. Etwas weiter sehen Sie ein oxidiertes Schild mit der Aufschrift "Fuerteventura", vor dem sich zwei Ziegen-Skulpturen befinden. Sie sind das Werk des Inselbildhauers Juan Miguel Cubas. Zudem treffen Sie auf interaktive Elemente, wie ein maßstabgetreues Modell des Sonnensystems, um nachts die Planeten am Himmel zu beobachten und identifizieren zu können. Eine Skyline, um die Sonnenwenden und Tagundnachtgleichen zu sehen komplettiert den Mirador. Jährich feiert Fuerteventura am 20. April die Weltnacht der Sterne. Dieser Tag wäre ein guter Zeitpunkt, um einen Nachtausflug zum Astronomischen Aussichtspunkt von Sicasumbre zu machen und das nächtliche Erlebnis der Sternenbeobachtung mit anderen Besuchern und Profis zu teilen.

ⓘParkmöglichkeiten an den Seitenstreifen. Der Aufstieg dauert ca. 20 Minuten. ⌂FV- 605, zwischen km 11 und 12

Platz für eigene Notizen...🖊...

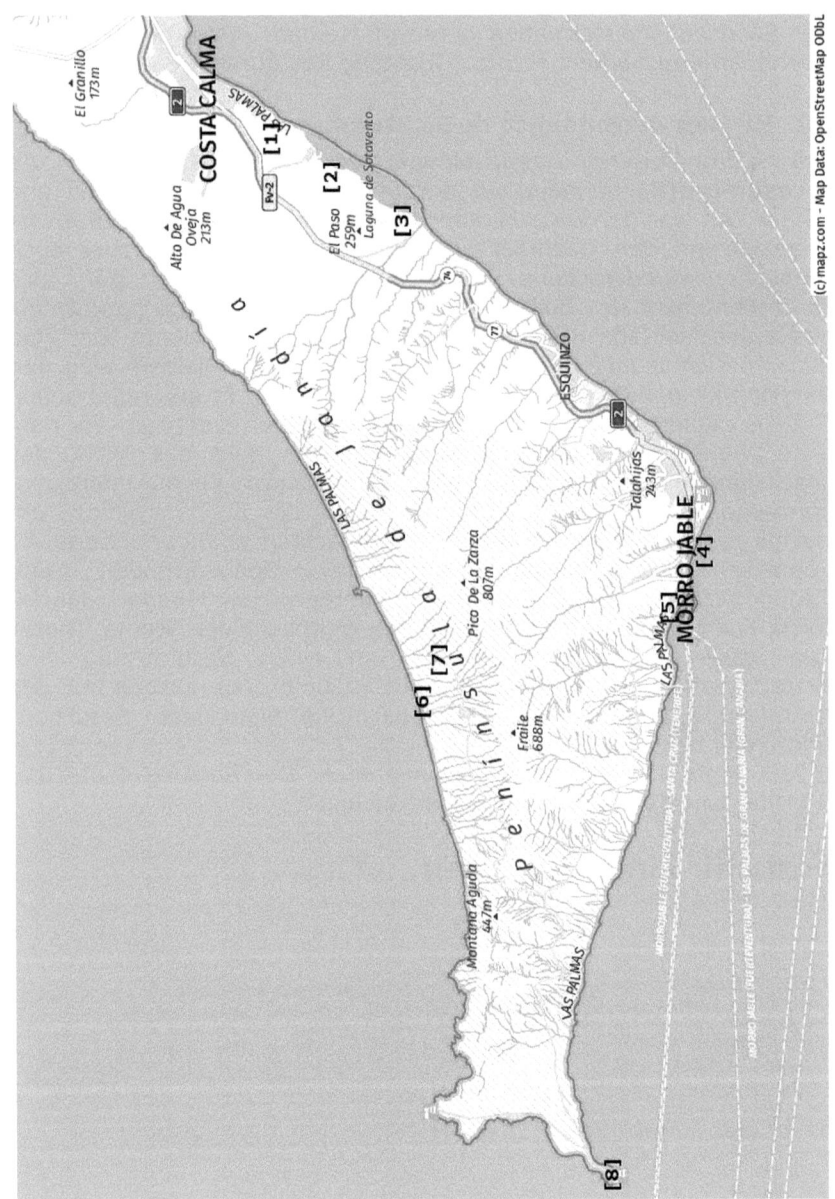

COSTA CALMA

El Granillo
173m

Alto De Agua
Oveja
213m

[2]

LA PALMAS

FV-2

[1]

El Paso
259m

[2]

Laguna de Sotavento

[3]

LAS PALMAS

J a n d í a

FW

FV

ESQUINZO

[2]

Talahijas
243m

MORRO JABLE
[4]

Pico De La Zarza
807m

[7]

P e n í n s u l a d e

[6]

LAS PALMAS

Fraile
688m

Montaña Aguda
447m

LAS PALMAS

[8]

MORRO JABLE (FUERTEVENTURA) - SANTA CRUZ (TENERIFE)

MORRO JABLE (FUERTEVENTURA) - LAS PALMAS DE GRAN CANARIA (GRAN CANARIA)

40 Costa Calma

Der Süden der Insel ist einer der beliebtesten Urlaubsorte für Kanarier, Spanier und Ausländer. Die Küstenlinie von **Costa Calma[1]** bildet eine ausgedehnte Bucht, die sich von der Punta de los Molinillos bis zur Ansiedlung Risco del Gato erstreckt, mit einem insgesamt 2 km langen und durchschnittlich 40 m breiten Strand, der an manchen Stellen bis zu 300 m lang ist. Im Jahr 1977 wurde das erste Hotel gebaut und seitdem ist der Ort zu einem der wichtigsten Touristenzentren Fuerteventuras geworden, der vor allem von Deutschen besucht wird.

Costa Calma grenzt direkt an die schneeweißen Sanddünen der Landenge Istmo de Jandía an, deren Zusammensetzung eine Mischung aus weißem Sand und einer Zersetzung des vulkanischen Substrats ist. Die damals erfolgte Bebauung reichte bis in die Dünen hinein, sodass die Wanderdünen den schönen Sand nicht mehr an die Strände tragen konnten.

Noch bis zum Jahr 2014 endete die Autobahn FV- 2 vor Costa Calma und führte den gesamten Verkehr entlang einer Palmenallee in den Ort. Nach dem Kreisverkehr wurde eine seitlich bewaldete Parkanlage geschaffen. Die angepflanzten Bäume, stammen aus Australien und wurden Anfang der 1980-er Jahre gepflanzt. Inzwischen bilden sie einen dichten Hain, der mit Brackwasser, einem Gemisch aus Salz- und Süßwasser, bewässert wird.

Für den aktuellen Weiterbau der FV-2 wurde die mehrspurige Autobahn oberhalb von Costa Calma in einem großen Bogen durch das Naturschutzgebiet geführt. Kaum noch ein Autofahrer fährt durch den Ort, sodass auf der ehemaligen Durchgangsstraße eine friedliche Stille eingekehrt ist.

❶Der lebhafte Ort hat sowohl in den Einkaufszentren- Centros Comerciales, als auch in der Umgebung zahlreiche Shopping- und Unterhaltungsmöglichkeiten. Den beliebten Afrika- Markt finden Sie auf dem Gelände hinter dem Polizeigebäude der Policia Local. ❻Mi+So 9-14 Uhr, ⌂Avenida Happag Lloyd.

41 Playas de Sotavento

Direkt im Anschluss an die Costa Calma beginnen die Playas de Sotavento. Sie setzen sich aus der Playa Barca und dem Risco del Paso zusammen. Mit einer Länge von 9 km und einer Breite von 60 m zählten sie zu den schönsten der Insel.

Die **Playa Barca[2]** beginnt unmittelbar vor dem Hotel Melía Fuerteventura. Sie ist seit über 30 Jahren als internationaler Schauplatz der weltweiten Windsurf- und Kiteboard-Wettbewerbe bekannt. In diesem Bereich befindet sich das Surfsport-Center von René Egli. In der flachen, gezeitenabhängigen Lagune kommen sowohl Anfänger als auch Profis auf ihre Kosten. Trotz eines Abschnittes mit Liegen und Sonnenschirmen vor dem Center, eignet sich der Strand nicht zum baden. ⌂ FV-2, Abfahrt Costa Calma, im Kreisverkehr der Beschilderung Melía Fuerteventura folgen

Direkt nach der Playa Barca folgt der Strandabschnitt **Risco del Paso [3]**. Er ist ein weiterer Hotspot für Wind- und Kitesurffans. ⌂ FV-2, Richtung Morro Jable- ausgeschildert

Die Playa del Mal Nombre ist der letzte Strand im Gebiet der Playas de Sotavento. ⓘ Runde Steinmauern am Strand dienen als Windschutz. Ein Strandrestaurant ist vorhanden, ⌂ FV-2, Richtung Morro Jable- Ausfahrt 77 Mal Nombre. Der Ausschilderung folgend, stossen Sie im unteren Kreisverkehr auf ein verlassenes Hotel, hinter dem eine nicht ausgebaute Piste links zum Strand führt.

42 Jandía Playa

Bevor die fast unendliche, spektakuläre Playa de Jandía beginnt, treffen Sie auf die Buchten der Playa de Esquinzo und der Playa de Butihondo. Sie liegen unterhalb von Felswänden und werden bei Flut relativ schmal. Der Strand Playa de Esquinzo hat eine Länge von ca. 3 km und ist in drei Zonen unterteilt, von denen eine für FKK-Besucher genutzt wird. ⌂ FV-602 oder FV-2 Abfahrt 79, ausgeschildert

An der Playa de Butihondo sind Sonnenschirme und Liegen kostenpflichtig verfügbar. Strandkioske runden das Angebot ab. ⌂ FV-602, oder FV-2 Abfahrt 79, nach dem Hotel Fuerteventura Princess und vor dem Hotel Magic Life fahren Sie auf der linken Seiten auf einen Parkplatz, von dem eine Piste nach unten zum Strand führt.

Der schneeweiße Hauptstrand Playa del Matorral von Jandía zählt zu den am meist besuchtesten Stränden im Süden. Er wurde mit der blauen Flagge ausgezeichnet. Auf einer Länge von knapp 4,5 km und einer durchschnittliche Breite von 60 m führt er vorbei am Leuchtum Faro de Morro Jable und geht bis zum ehemaligen Fischerdorf in Morro Jable. Im vorderen Teil, neben dem Hotelkomplex Iberostar, beginnt der Saladar de Jandía, eine geschützte Fläche von insgesamt 115,6 Hektar, die sich bis zum Hotel SHB Maxorata erstreckt. Das Naturschutzgebiet zählt zu den besonderen Ökosystemen auf Fuerteventura, in denen sich Salzwiesen und Pflanzen gebildet haben, die trotz Ebbe und Flut des Atlantiks wachsen. Aus diesem Grund erfolgt der Zugang zum Strand nur über angelegte Wege.

Am Strand dient der Leuchtturm quasi als Trennlinie zwischen dem erlaubten FKK-Strandbereich im Norden und dem Nicht-FKK-Strand im Süden- Richtung Morro Jable. Dank der vorhandenen Rettungs- und Überwachungsposten sehen Sie anhand der Beflaggung, ob Sie im Meer baden können. Strandkioske, Umkleiden und Duschen runden den Strandtag ab. Ein weiter Hotspot des Strandlebens ist die **Playa de La Solana**. Sie liegt zwischen dem renovierten Robinson-Club Jandía Playa mit neuem, auffällig hohem Hotelturm und dem Hotel Riu Palace Jandía Playa. Sie treffen auf einen wunderschönen Strand mit Aussicht auf den Hafen von Morro Jable, der sich auch für Kinder zum Baden eignet.

❶Bewachter Strand mit Rettungsschwimmern, Sonnenschirme und Liegen können gemietet werden. Strandkiosk, Duschen und Umkleidekabinen sind vorhanden. Der Strand bietet ausreichend Platz für eigene Strandtücher und Sonnenschirme, ⌂ Avenida del Saladar- 35626 Morro Jable

43 Jandía

Inzwischen ist Jandía der größte Ferienort im Süden Fuerteventuras. Aufgrund der fantastischen Sandstrände wurden bereits in den 1960-er Jahren die ersten großen Hotelanlagen gebaut. Damals dauerte der Transfer vom Flughafen über die Serpentinenstraßen zu den Hotels nahezu 5 Stunden. Dank der inzwischen ausgebauten Autobahn FV-2 gelangen Sie nach 1,5 Stunden nach Jandía.

Im Kreisverkehr am Ortseingang befindet sich das imposante Windspiel "Fobus" des berühmten lanzarotenischen Inselkünstlers César Manrique. Kurz danch sehen Sie auf der linken Seite das Skelett eines 14 m langen Pottwals.

Auf der langen Strandpromenade schmücken moderne Skupturen bekannter Inselkünstler das Erscheinungbild. Restaurants, Bars und Einkaufsmöglichkeiten sind zahlreich vorhanden. ⌂ Avenida del Saladar- 35626 Morro Jable, ❶Souvenirs und Plagiate kaufen Sie auf dem Afrika- Markt am Ende des Ortes. 🕐Mo+ Do 9-14 Uhr, ⌂ Avenida del Saladar- 35626 Morro Jable

44 Morro Jable

Am Ende der schneeweißen Strände der Playa de Matorral prägt ein hoher Felsvorsprung aus Vulkanstein den Ort **Morro Jable[4]**. Hier liegt das einstige Fischerdorf Morro Jable, das Sie auch fußläufig entlang des Meeres oder der Strandpromenade erreichen können. Im Ort finden Sie eine vielzahl von Restaurants, die frischen Fisch und typisch kanarische Gerichte anbieten.

Danach folgt der Hafen Puerto de Morro Jable, von dem aus die Fähren von Armas in 3 Stunden und von Fred Olsen in nur 2 Stunden nach Gran Canaria übersetzen.

Im hinteren Teil des Hafens befindet sich das Zentrum Centro de Recuperación y Conservacion de Tortugas Marinas de Fuerteventura, das sich sich für die Rettung und den Schutz der Meeresschildkröten auf Fuerteventura einsetzt. Es wird auch als **Aufzuchtstation für Meeresschildkröten[5]** oder als "Schildkrötenkindergarten" bezeichnet.

Die Anlage hat eine Fläche von 800 qm. In 12 Becken werden verletzte oder kranke Schildkröten behandelt. Die häufigsten Ursachen für ihre Aufnahme sind auf menschliches Handeln zurückzuführen: Verheddern oder Verschlucken von Treibgut (Fischfanggeräte, Bast, Plastik, etc.), Verschlucken oder Anhaften von Öl und anderen toxischen Substanzen, versehentliches Fischen und Kollisionen mit Booten. Die Schildkröten stehen bis zur Genesung unter ärztlicher Aufsicht und werden anschließend ins Meer freigelassen. Weitere 5 Becken dienen zur Aufzucht von Jungtieren.

Die Kanarischen Inseln liegen auf der Wanderroute von Meeresschildkröten. In den Sommermonaten begeben sich die unechten Karettschildkröten "Caretta caretta" zur Nahrungsaufnahme an die Küsten Fuerteventuras, insbesondere an die Playas de Sotavento. Aufgrund des angestiegenen Tourismus finden sie jedoch nicht mehr die nötige Ruhe, um die Eier abzulegen, sodass die Population enorm geschrumpft ist. Für das Projekt werden Schildkröteneier von den kapverdischen Inseln nach Las Palmas auf Gran Canaria in das meereswissenschaftliche Institut ICCM zum Vorbrüten gebracht und anschließend zum Schlüpfen am Strand von Cofete vergraben. Nach erfolgreichem Schlüpfen werden die Babies eingesammelt, in der Zuchtstation großgezogen und schließlich wieder in Cofete ins Meer entlassen.

Da Schildkröten erst nach 15 Jahren Geschlechtsreife erlangen und zu zum Ort, an dem sie geboren wurden zur Eiablage zurückkehren, erhoffen sich die Tierschützer in absehbarer Zeit die unechte Karettschildkröte wieder dauerhaft an den Küsten der Insel anzusiedeln.

Mo-Fr 10-13 Uhr, frei, Lugar Puerto de Morro Jable- 35626 Morro Jable

45 Cofete

Kurz vor dem Hafen von Morro Jable führt von der FV-2 eine ausgeschilderte Straße nach Cofete und dem Punta de Jandía mit dem Leuchtturm Faro de Jandía. ⌂ FV-2, Ctra. Punta de Jandía-35626 Morro Jable

Nach 1,6 km treffen Sie auf der rechten Straßenseite auf den Friedhof Cementerio, der meistens geschlossen ist.

Danach endet die Asphaltierung der Straße abrupt. Auf unbefestigten Straßen kann Ihr ruppiges, durchgeschütteltes Abenteuer beginnen.

Die lange Piste führt direkt zur Südspitze Fuerteventuras zum Leuchtturm Faro de Jandía, die Abzweigung nach Cofete ist mit einem großen Schild ausgewiesen. Wenn Sie Richtung Cofete fahren, kommen Sie zunächst zum Pass mit dem Aussichtspunkt Punto de Vista sobre Puerto de Montaña. Hier werden Sie fast vom Winde verweht, genießen jedoch eine fantastische Aussicht auf Cofete und die Barlovento- Küste mit dem Strand Playa de Cofete. Sie folgen den Serpentinen Richtung Strand. Bereits aus der Ferne entdecken Sie eine kleine Siedlung mit einem Restaurant. Sofern Sie nicht hier einbiegen führt die Piste automatisch zum Strand. Auf der rechten Seite erblicken Sie das ausgeschilderte Gebäude Villa Winter. Zunächst fahren Sie zum Strand Playa de Cofete. Hier liegt der kleine verwaiste Friedhof **Cementerio de Cofete[6]**. Er ist von einer kleinen Mauer umgeben, die vom Sand des Strandes bedeckt ist. Am Eingang befindet sich ein altes verschlossnes Holztor und rechts daneben ein schwarzer Steinblock mit den Namen der Verstorbenen. Sand, Steine und einfache Holzkreuze sind alles, was die Gräber schmücken.

Bis Anfang des 19. Jahrhunderts fanden auf der Insel Bestattungen unter dem Boden von Kirchen statt. Wenn jemand fern von einer Kirche oder einem Friedhof starb, wurde der Leichnam auf ein Dromedar gebunden und transportiert. Im Falle von Cofete wurden 40 bis 50 Kilometer zurückgelegt, um den Verstorbenen nach Pájara für ein christliches Begräbnis zu bringen. Der angelegte Friedhof in Strandnähe ermöglichte Begräbnisse vor Ort. Die letzte Beisetzung fand im Jahr 1956 statt.

Das kleine Dorf Cofete war die erste dauerhafte Siedlung, die in Jandía entstand. Bereits im frühen 19. Jahrhundert entstand der Wunsch nach Kolonisierung der Region durch den Oberfeldwebel von Lanzarote, José Feo de Armas und Francisco Guerra Bethencourt. Sie wollten Ausländer in der Gegend ansiedeln. Das wiedersprach jedoch den Vorstellungen des Inselrats von Fuerteventura, sodass im Jahr 1811 Cofete als Siedlung mit Einheimischen entstand. Die Besiedlung wurde von Pächtern des Marquis von Lanzarote, Graf von Santa Coloma und Cifuentes, durchgeführt. Seine Hauptverwalter Francisco María de León und Xuarez de La Guardia beaufsichtigten in Cofete rund hundert Siedler, die Fischfang und Ziegenzucht betrieben. Sie lebten unter äußerst harten Bedingungen und wurden von den Verwaltern regelrecht ausgebeutet, was jedoch zu jener Zeit nicht ungewöhnlich war.

Das Highlight des Ortes ist der goldene, weitläufige Sandstrand Playa de Cofete, der sich in einem beeindruckenden, unberührten Zustand befindet. Er ist fast 14 km lang, 50 m breit und lädt zu langen Strandspaziergängen ein. Im letzten Jahr wurde die Playa de Cofete von Tripadvisor zu den schönsten Stränden Europs gekürt.

❶Der Strand ist unbeaufsichtigt, Rettungsschwimmer sind nicht anwesend. Das Meer hat extrem starke Unterströmungen, die Sie binnen von Sekunden mitreißen können. Im Jahr 2019 ließ hier ein Mensch sein Leben.

Auf dem Rückweg sollten Sie der geschichtsträchtigen **Villa Winter[7]** einen Besuch abstatten. Der Eingang befindet sich auf der Rückseite des Anwesens. Das Äußere des Hauses lässt die enorme Pracht der damaligen Zeit erahnen. Große Bögen, aufwendig gearbeitete Holzgeländer und zahlreiche Details im Inneren des Gebäudes, sowie ein sehr großer Innenhof zeugen vom schöpferischen Willen eines Menschen, der ein großes Ziel vor Augen hatte.

Don Gustavo, wie Gustav Winter von den Einheimischen genannt wurde, verfügte über große finanzielle Mittel, um seine Visionen hier zu verwirklichen. Der spanische Diktator Franco schenkte dem Deutschen die gesamte Halbinsel Jandía, die als Testgelände genutzt werden sollte und zur Sperrzone erklärt wurde. Winter war ein großzügiger Förderer, der einheimische Arbeiter nach Cofete brachte, die unter strengster Geheimhaltung arbeiteten und nachts das Gebiet wieder verlassen mussten. Zudem ist es wahrscheinlich, dass er deutsche Arbeiter nach Fuerteventura mitnahm.

Der Turm des Hauses diente wahrscheinlich als Orientierungspunkt für U-Boote oder Flugzeuge, die auf der Landebahn von Jandía, in der Umgebung von Puerto de la Luz, landeten. Davon zeugt noch ein großer Stromkasten, der auf der mittleren Etage angebracht wurde.

Bis heute sind die Hintergründe für den Bau der Villa Winter nicht erkundet. Was war also der Zweck, diese Villa zu bauen, die sich inmitten dieser Einsamkeit, dem unfruchtbaren Land und an der Küste eines der längsten Strände der Kanarischen Inseln befindet?

Wenn man den vulkanischen Boden sieht, könnte man sich vorstellen, dass sich unter der Oberfläche ein Höhlensystem befindet. Winter ließ die Villa über einer bestehenden Höhle bauen. Es ist schwierig sich so etwas vorzustellen, wenn man weiß, dass diese Küste in diesem Gebiet sehr flach abfällt. Aber die Idee der Lavahöhlen ist auch nicht so abwägig wie man denkt. Auf Teneriffa befindet sich das vulkanische Höhlensystem Cuevas del Viento, das eine der größten der Welt ist und lange Tunnel mit sehr breiten Räumen bildet. Auch auf Fuerteventura gibt es kleine Höhlen, von denen man bereits vermutete, dass Winter diese für seine weiteren Pläne nutzen wollte. Mythen oder Wahrheit?- In der Villa erinnern viele kleine Details an die Aura Gustav Winters. In modellierten Türknöpfen, Wasserspeichern und Emblemen, wurde der Buchstabe W eingearbeitet.

In den Ausstellungsräumen erhalten Sie durch einen Aushang des jetzigen Besitzers folgende Informationen: "Lieber Besucher, es freut mich, dass Sie den Weg zu der Villa Winter auf sich genommen haben. Sicherlich haben Sie schon viele Geschichten über dieses Haus gehört. Dieses Gebäude wurde vor langer Zeit mit seinen Bewohnern und seiner Geschichte sich selbst und dem Verfall überlassen. Ich bin Pedro Fumero und habe vor 3 Jahren meinen Beruf, meine Familie und meine Arbeit aufgegeben, als ich meinen Onkel und meine Tante hier in der Villa gefunden habe. Zwei alte, geistig behinderte Menschen, die sich selbst überlassen wurden. Es brach mir das Herz und ich kam zurück zu diesem Haus, in dem ich als Kind viel Zeit verbracht hatte. Seit diesem Tag hörte ich nicht auf das Haus in Stand zu halten und die Geschichte des sagenumwobenen Hauses der Familie Winter aufzudecken. Für eine Unterstützung zur Erhaltung des Hauses bin ich sehr dankbar. Pedro Fumero."

Erkunden Sie die renovierten und freigegebenen Räume der alten Gemäuer.

Kurzbiografie: Gustav Winter wurde im Jahre 1893 in Neustadt im Schwarzwald geboren. Während des ersten Weltkrieges hielt er sich im Ausland auf und besuchte unter anderem Argentinien und England.

- 1915 kam Gustav Winter über England nach Spanien.
- 1921 beendigt er sein in Deutschland begonnenes technisches Studium in Madrid und begann an diversen Projekten zu arbeiten.
- 1924, im Alter von 28 Jahren, errichtete Ingenieur Winter das Elektrizitätswerk Cicer auf Las Palmas in Gran Canaria, welches am 21.10.1928 eröffnet wurde.
- 1933, im Jahr des Regierungsantrittes von Hitler, begab Winter sich auf die Halbinsel Jandía.
- 1937 plante Winter eine Zementfabrik und eine Fischfabrik in Jandía errichten zu lassen, die jedoch nie gebaut wurden.
- Im Juli 1937 unterschrieb Winter mit dem Erben des Conde de Santa Coloma aus Lanzarote einen Pachtvertrag für die

gesamte Halbinsel Jandía. Im selben Jahr reiste er nach Berlin, um für ein Vorhaben den nötigen finanziellen Zuschuss zu erhalten, woraufhin er im Sommer 1938 mit einer kleinen Expedition von Fachleuten an Bord eines Schiffes nach Fuerteventura zurückkam, um die Gegend zu erkunden, Fotos zu machen und Landkarten zu erstellen.

- Gustav Winter war in dieser Zeit bereits als Agent der Deutschen Abwehr in Spanien tätig. In einer Besprechung zwischen Winter und der Abwehr III- Canarias wurde vereinbart, dass Winter in Jandía für das deutsche Reich wirtschaftlich wichtige Vorhaben durchführen und dafür deutsche Hilfskräfte erhalten sollte.
- Von 1939 bis 1944 leitete er eine Werft der deutschen Kriegsmarine bei Bordeaux in Frankreich.
- Ab 1939 wurde die gesamte Halbinsel Jandía gesperrt, die wenigen Einheimischen wurden umgesiedelt.
- Bei einem Treffen im Oktober 1940 zwischen Hitler und General Franco, teilte Hitler mit, dass er einen Stützpunkt auf einen der Kanarischen Inseln errichten möchte, was General Franco wegen Spaniens souveräner Haltung zunächst ablehnte.
- Nachweislich existierten dann aber zwischen März und Juli 1941, 6 deutsche U- Bootstationen im Hafen von Las Palmas auf Gran Canaria.
- Im April 1941 kaufte die Gesellschaft "Dehesa de Jandia S.A." dessen Verwalter Gustav Winter war, die Halbinsel Jandía.
- Er lernte seine Ehefrau 1945 in Madrid kennen, ein Jahr später begann der Bau der Villa Winter und der Ausbau der Straße nach Cofete, der durch politische Häftlinge durchgeführt wurde.
- Erst im Jahr 1947 ließen die Alliierten das Ehepaar wieder auf die Kanarischen Inseln zurückkehren. Gustav Winter legte eine Tomatenplantage an, ließ Brunnen errichten und versuchte die Berge von Jandia aufzuforsten.
- Laut Aussagen Einheimischer gab es im Jahr 1950 tagelange Sprengungen auf der Halbinsel.
- 1962 übertrug die "Dehesa de Jandia S.A." ca. 2.300 ha Land zwischen Morro Jable und Cofete an Gustav Winter, als Entschädigung für die Erschließung der Halbinsel. Als 1966 mit dem Bau der ersten Hotels in Jandía der Tourismus begann, hatte die Familie Winter ausgesorgt, da sie für das Brachland umgerechnet € 78,00 für den Quadratmeter bekamen.

- 1971 starb Winter im Alter von 78 Jahren in Las Palmas auf Gran Canaria.

✪ täglich, jedoch unverbindlich, da der Besitz privat geführt wird, ⚫ frei, Spenden für den Erhalt des Anwesens sind freiwillig.
Auf dem Rückweg sollten Sie auch noch den Punta de Jandía, mit dem Leuchtturm Faro de Jandía besuchen, um auf Ihrer Tour auch noch die Südspitze Fuerteventuras zu erkunden. Hierzu fahren Sie zurück zur Abzweigung von Cofete und folgen dem Pistenverlauf nach rechts.

46 Puerto de la Cruz

Von Morro Jable führt eine 20 km lange unbefestigte Piste zum südlichsten Zipfel der Insel, dem Punta de Jandía mit dem Leuchtturm **Faro de Jandía [8]**. Kurz vor dem Leuchtturm liegt die kleine Ansiedlung Puerto de la Cruz. Sie wurde als Zufluchtsort für Fischer gegründet. Bei nur 40 registrierten Einwohnern kamen zu den wenigen Fischerhäuern 2 kleine Restaurants und eine feste Wohnwagensiedlung hinzu. Das große Windrad steht seit dem Jahr 2002 still. Seit 2003 versorgt ein Dieselmotor die Bewohner mit Strom, das Trinkwasser wird in Tankwagen zu einem zentralen Wassertank transportiert.
Die Straße führt direkt auf den Leuchtturm zu. Er stammt aus der Mitte des 19. Jahrhunderts und wird automatisch betrieben. Im ehemaligen Haus fand eine Dauerausstellung zur Flora und Fauna der Insel statt. ✪ täglich, ⓘ Sanitäre Anlagen sind geschlossen.
🚌Alternativ zum Leihwagen können Sie die abgelegenen Orte Cofete und Punta de Jandía mit dem öffentlichen Bus ab dem Busbahnhof Estacíon de Guaguas in Morro Jable erreichen. Bei dem Bus handelt es sich um einen Mercedes- Geländewagen, der die holprigen Strecken relativ bequem und innerhalb kürzester Zeit zurücklegt. Bereits nach 40 Minuten erreichen die Playa de Cofete.
Bei Ankunft mit dem ersten Transfer können Sie in Cofete aussteigen, oder zum Leuchtturm weiterfahren. Bei Ausstieg erfolgt die Rückfahrt mit dem nächsten Bus um 12.45 oder um 16.45 Uhr. Bei Weiterfahrt ist der Bus schon nach weiteren 30 Minuten am Leuchtturm in Punta de Jandía angekommen. Nach einer 45-minütigen Pause erfolgt die Weiterfahrt um 12.00 oder 16.00 Uhr. Bei Einstieg muss wieder der Fahrpreis in Höhe von 8,70 € bezahlt werden. Vom Leuchtturm geht es erneut zurück nach Cofete. Hier wird eine 15- minütige Pause eingelegt. Die Weiterfahrt nach Morro Jable erfolgt um 12.45 bzw. um 16.45 Uhr.

➊ Der öffentliche Bus ist neben dem Leihwagen die einzige Alternative, um die Südspitze Fuerteventuras zu erreichen. Bei Fahrtantritt ist es jedoch nicht ersichtlich, dass lediglich die einfache Fahrt pro Person 8,70 € kostet. Insgesamt sind Sie 3,5 Stunden unterwegs. Bitte beachten Sie, dass bei Ausstiegmöglichkeiten des Busses keine Toiletten vorhanden sind. ☻ täglich, Abfahrt 10.00 und 14.00 Uhr, 🚌Linie 111, 🍖17,40 €,⌂ Estacíon de Guaguas- Calle Cervantes, 35625 Morro Jable

47 Museumsnetz auf Fuerteventura

Zum Museumsnetz Fuerteventuras **Red de Museos de Fuerteventura** zählen von Nord nach Süd folgende Einrichtungen:
Museo de la Pesca Tradicional, in El Cotillo
Cueva del Llano, in Villaverde, zurzeit geschlossen
Museo del Grano La Cilla, in La Oliva
Casa Alta de Tindaya, in Tindaya
Ecomuseo La Alcogida, in Tefía
Casas de Filipito, in Altos de Guisguey
Casa Museo Unamuno, in Puerto del Rosario
La Ampuyenta, in Ampuyenta
Mirador de Morro Velosa, in Morro Velosa,in Renovierung
Museo Arqueológico de Betancuria, in **Betancuria**, in Renovierung
Museo del Queso Majorero, in Antigua
Museo de la Sal, in Las Salinas
Los Molinos, in Tiscamanita
Poblado de La Antalayita, in Pozo Negro
Faro de la Entallada, in Las Playitas
Faro Punta de Jandía, in Puerto de la Cruz
➊Um sicher zu stellen, dass die Museen bei Ihrem Besuch geöffnet sind, empfiehlt es sich, jemanden von der Hotelrezeption auf Spanisch in der Zentrale von Mo.- Fr. zwischen 08.00 und 15.00 Uhr unter der Nummer: 928 85 89 98 anrufen zu lassen, um die Öffnungszeiten zu bestätigen. Die Dame in der Museumszentrale spricht nur gebrochen Englisch.

48 Die Geschichte des Ziegenkäses

Aufgrund fehlender Geschichtsaufzeichnungen, lässt es sich nicht mehr genau bestimmen, ab wann die Herstellung von Ziegenkäse auf Fuerteventura begann. Fuerteventura war über 1000 Jahre von nordafrikanischen Berbern besetzt, sodass die ersten Siedler deren Hauptaktivität die Viehzucht war, auf das Wissen und die Erfahrung der Berber zurückgriffen. Erst durch die Käseherstellung wurde es möglich die überschüssige Milch zu verarbeiten, aufzubewahren und zu lagern.

Der Handel und die traditionelle Herstellung: Als die Europäer im 15. Jahrhundert Handelswege in die neue Welt über den Atlantik suchten, spielten die Kanarischen Inseln aufgrund ihrer günstigen geografischen Lage eine tragende Rolle. Die Händler kamen auf den Inseln zusammen, um regionalen Einzel- und Außenhandel zu führen. Im Gegensatz zu den anderen Inseln des Archipels hatte Fuerteventura als Isla de Señorio, das Recht, Abgaben in Höhe von einem Fünftel zu erheben und Beschränkungen aufzuerlegen. Es fand ein lokaler, regionaler und interinsularer Handel und Seehandel statt. Am stärksten war der lokale Handel. Er wurde über Händler mit Geschäften, reisende Händler und Käseverkäuferinnen abgewickelt.

Aus den Jahren 1884-1888 stammen ausführliche Aufzeichnungen von Dr. Rene Vernau. Er beschrieb das Vieh, die Landarbeiten, die Hirten und die traditionelle Käseherstellung: "...Die Herstellung ist sehr einfach. Nach dem Melken wird der Milch sofort Lab beigesetzt, damit sie gerinnt. Sie wird in einfache runde Formen aus Holzspänen und Palmholz gefüllt, die auf ein Brett gestellt werden. Mit den Händen wird Druck auf die geronnene Milch ausgeübt, bis die Molke entwichen ist und der Käse eine festere Konsistenz hat. Jetzt muss der Käse mit Salz abgerieben werden und trocknen. Wenn er getrocknet ist, ist er so hart, dass man ihn nur mit einem Stein oder einem Hammer teilen kann. Häufig wird der Käse noch zusätzlich außen mit Lehm abgerieben, was ihm ein wenig appetitliches Aussehen verleiht. Diese Prozedur dient dazu, dass der Käse nicht hart wird."

Die Käseherstellung: Die Tradition des handgemachten Ziegenkäses, dem Majorero- Käse, ist mit Fuerteventura fest verwurzelt. Fast jeder der Ziegen hält, stellt Käse für den eigenen Gebrauch her und verkauft den Überschuss. Folgende Arbeitsschritte sind für die Herstellung erforderlich: Melken der Ziegen, Einsammeln der Milch, Zugabe von Fermenten und Lab, Schneiden des Käsebruchs, Abtropfen, Formen, Salzen, Reifung und Überzug des Käses.

Die traditionellen Herstellungsmethoden wurden von Generation zu Generation weitergegeben. Inzwischen werden sie durch moderne Techniken ersetzt, um bessere Hygienebedingungen zu gewährleisten und größere Mengen produzieren zu können.

Das Geheimnis des Ziegenkäses: Die Majorera- Ziege ist eine einheimische Rasse aus Fuerteventura, die sich bestens an die Umweltbedingungen angepasst hat. Bereits Beginn der Ziegenzucht wählten die Bauern sorgfältig die Tiere aus, sodass inzwischen eine extrem robuste und widerstandsfähige Rasse entstanden ist. Die Euter der Ziegen sind sehr groß, bei Tieren mit hoher Milchproduktion vergleichsweise übertrieben groß. Die Qualität der Milch ist sehr gut, dick, aromatisch und fetthaltig, was zu den wichtigsten Geheimnissen des Ziegenkäses zählt.

Charakteristik des Käses: Die Herstellung des kanarischen Ziegenkäses ist ein Teil des kulturellen Erbes der autonomen Gemeinschaft der Inseln. In erster Linie erfolgt die Käseherstellung aus roher Ziegenmilch, die sich durch eine hohe Qualität auszeichnet und dem Produkt besonderen Geschmack, Geruch und Aussehen verleiht.

Jede Insel produziert ihre eigenen Käsesorten, so nennt sich z.B. der Käse auf Fuerteventura Queso Majorero, auf La Palma Queso Palmero und auf Gran Canaria Queso de Flor de Guía. Junger Ziegenkäse hat eine helle Rinde, die sich im Zuge der Reifung gelblich färbt. Das Einstreichen mit Paprika, Olivenöl, oder Gofio verleiht dem Käse ein unterschiedliches Aussehen.

Ursprungsbezeichnung: Der echte Queso Majorero ist mit einem Kontrolletikett ausgezeichnet, dass die Herkunft und Qualität der Rohstoffe, sowie das Herstellungs- und Reifeverfahren garantiert. Die Ursprungsbezeichnung beruft sich auf Verordnungskriterien, die alle Käse erfüllen müssen, die diese Bezeichnung tragen.

Der Inselbewohner im Gleichklang mit dem Nutzvieh: Vor Ankunft der Europäer nannten die Inselbewohner Fuerteventura Mahoh, übersetzt mein Land. Geschichtlich ist es nicht belegt wann sie ankamen, es ist jedoch sicher, dass sie Ziegen und Hirtenhunde mitbrachten.

Die Ziegen zählten zur wichtigsten Lebensgrundlage der Menschen: Sie dienten der Milch- und Fleischproduktion. Aus den Fellen wurden Kleidung und Schuhe gefertigt, die Sehnen dienten als Nähfäden und die Knochen als Nadeln. Aus Leder und über Feuer gehärteten Stöcken wurden Flüge konstruiert. Sie verwendeten Leder und geschmolzenen Talg als Heilmittel und benutzten Ziegenmilchbutter, zur Wundheilung.

Noch heute melken die Hirten kleiner Herden manuell. Ab 60- 100 Ziegen werden Melkräume mit parallelen Systemen verwendet, um die Produktionsleistung und die Hygienebedingungen zu erhöhen.

49 Käsereien- Queserias

Queseria Julian Diaz El Belido[1]: Die Käserei befindet sich in Tiscamanita. Zur Wahl stehen mittelreifer und reifer Ziegenkäse mit Paprika, Gofio oder Olivenöl und Frischkäse. Zudem werden

Ziegenjoghurt und Gofiokekse- Albajores de Gofio- mit dunklem und hellem Schokoladenüberzug angeboten. Ⓘggf. müssen Sie an der Verkaufstür anschellen,🕑 Mo-Fr 8-16, Sa 8-14 Uhr, So geschlossen, ⌂ Calle San Marcos, 82- 35638 Tuineje

Queseria Benigno[2]: Die Käserei liegt auf dem Weg nach Ajui. Neben den klassischen Ziegenkäsesorten wird hausgemachte Almogrote, eine sehr pikante Aufstrichpaste aus Ziegenkäse, Öl und Paprika angeboten. 🕑tägl. 11-16 Uhr, ⌂ FV-621, km-5, 35628 Mezquez

Queseria La Pared[3]: Die Käserei liegt gegenüber dem Ortseingang von La Pared. Im Dezember 2019 hat die Regionalregierung der Kanarischen Inseln über den Wettbeweb "Agrocanarias", der alljährlich durch das kanarische Institut für Lebensmittelqualität ausgerichtet wird, erneut die Inselprodukte gewürdigt. Insegesamt hatten sich Erzeuger mit 173 Weinen, 134 Käsen, 60 Gofios, 20 Olivenölen und 18 Meersalzen angemeldet. In der Kategorie Käse siegte ein Produkt der Käserei La Pastora. Der gereifte Käse aus Schafsrohmilch "La Pastorcita" mit Gofiokruste erhielt den ersten Preis. Ⓘ Neben allen Käsesorten können Sie u.a. auch Likör aus Ziegenmilch probieren, 🕑Mo-Sa 9-17.30 Uhr, So geschlossen ⌂ FV-605, Calle Barranco de La Pared- 35628 La Pared

Queseria Maxorata[4]: Die Käserei nimmt jährlich an den World Cheese Awards teil, an denen weltweit über 3.000 Erzeugnisse angemeldet werden. Der Käse wird seit Jahren mit den höchsten Auszeichnungen prämiert: Im Jahr 2018-19 erhielt der Maxorata semicurado pimentón (halbgereift, Paprika) die Goldmedaille. Bei der 10. Edición Gormet Quesos, die die besten Käse Spaniens im Jahr 2019 prämierten, bekam die Käserei den ersten Preis für den Queso de oveja semicurado (halbgereifter Schafskäse) und den Tobar del Oso semicurado. Bei den aktuellen World Cheese Awards 2019-20 bekamen die Sorten Selectum semicurado pimentón, Tobar del Oso semicurado artesano (halbreif, handgefertigt) und Tobar del Oso curado (gereift) die Silbermedaille. Aktuell ist der Maxorata curado pimentón (gereift, Paprika) hervorzuheben, der die Goldmedallie 2019-20 erhielt. 🕑Mo-Fr 9-16 Uhr, Sa+So geschlossen ⌂ FV-20, km 5,5, Llanos de la Higuera- 35628 Tuineje

La Casa del Queso- Queseria Cabrera Pérez[5]:Das Besondere dieser Käserei ist, dass er Gebäudekomplex wie ein "lebendiges" Museum ist. Hier können Sie sich alle Schritte der Käseherstellung genau ansehen: Von der Aufzucht der Ziegen und Fütterung, der modernen Melkanlage, bis hin zur Fertigstellung der Endprodukte. Im anschließenden Verkaufsraum können Sie alle Käsesorten probieren und kaufen. Ⓘ Kinderfreundlich. Vor der Käserei wurde seitlich ein neuer kleiner Ziegenstall gebaut, vor dem die Ziegen und ein kleiner Esel ein schönes Fotomotiv sind, ☻ Mo-Sa 9-18.30, So 10-15 Uhr, 🍶frei, ⌂ FV-2 > FV-50, km-7, Calle Llano- 35638 Los Alares

50 Aloe Vera

Die Aloe Vera ist eine Pflanze mit heilenden Eigenschaften, die bereits den Ureinwohnern der Kanarischen Inseln bekannt war. Sie stammt aus dem Norden und Osten Afrikas und ist auf den Kanarischen Inseln weit verbreitet, wo sie hauptsächlich auf Lanzarote, Gran Canaria und Fuerteventura angebaut wird. Die Produkte, die aus den Pflanzen hergestellt werden, gelten als qualitativ hochwertig. ① Auf Fuerteventura gibt es fast unzählige Aloe Vera Farmen. Die Mitarbeiter in den Verkaufsstellen informieren Sie ausführlich über die Wirkungsweise und die Anwendungsgebiete.

51 Erlebnistouren Fuerteventura

Entdecken Sie alle Top Highlights Fuerteventuras von Nord nach Süd auf 5 beeindruckenden Erlebnistouren.

51.1 Die Nord-Tour

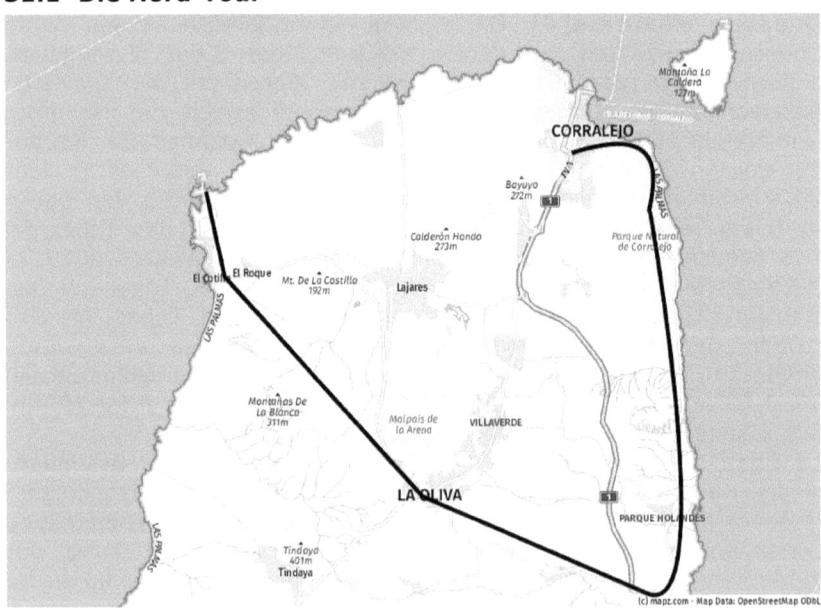

Traumhafte Karibikstrände treffen auf Wanderdünen und Kultur: Diese Tour beginnt in **Corralejo** auf der FV-1 > Richtung Playas Grandes. Sie fahren durch den Naturpark Parque Natural de Corralejo, der direkt durch die Wanderdünen verläuft. Sie sehen die traumhaften Strände Playa Bajo Negro, Playa de los Matos, Playa del Moro, Playa Alzada sowie der Playa del Porís.

Nach dem letzten Strand geht die weiße Dünenlandschaft abrupt in braunes Vulkangebirge über. Sie folgen dem Straßenverlauf und biegen nach Casas de Jablito auf die FV- 102 Richtung La Oliva ab.In **La Oliva** besichtigen Sie die folgenden Sehenswürdigkeiten: Die Kirche Nuestra Señora de La Candeleria, das Casa de Los Coroneles, die Ermita de Puerto Rico, das Kornmuseum La Cilla, das Kunstzentrum Centro de Arte Canario- Casa Mané und das Casa del Inglés.

Von hier folgen Sie der FV- 10 Richtung **El Cotillo**. Besuchen Sie den Wehrturm Castillo de El Tostón, sehen Sie sich die Kalköfen im Hafen an und machen Sie einen Abstecher zu der langen Playa del Castillo.

Von El Cotillo führt die Küstenstraße nördlich zum Fischereimuseum Museo de la Pesca Tradicional mit dem Leuchtturm Faro El Tostón. Weitere traumhafte Badebuchten, wie die Playas de Los Charcos, befinden sich unweit des Leuchtturms, Richtung Norden.

Platz für eigene Notizen...✐...

51.2 Die Entdecker- Tour im Zentrum Fuerteventura

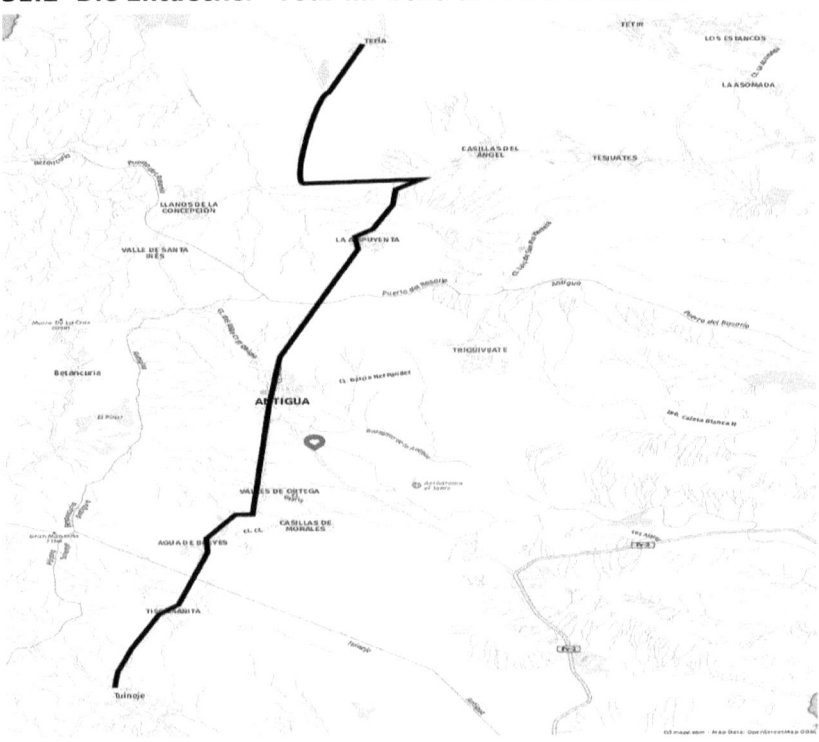

Die Tour beginnt im Ort **Tuineje**, der über die FV- 20 zu erreichen ist. Sie besichtigen die Kirche San Miguel Arcangel, mit den Altarbildern zur historischen Schlacht am Tamasite. Von hier führt die FV- 20 nach **Tiscamanita** mit dem Interpretationszentrum der Windmühlen- Centro de Interpretacion de Molinos. Auf der Weiterfahrt treffen Sie in **Antigua** auf die Windmühle Molino de Antigua mit dem Käsereimuseum Museo de Queso Majorero.

Von Antigua aus führt die FV- 20 nach **La Ampuyenta** mit folgenden Sehenswürdigkeiten: Das Krankenhaus Hospital San Conrado y San Gaspar, die Ermita de San Pedro de Alcantara, das Geburtshaus von Frailito Andrés und das Museumshaus Casa Museo Doctor Mena.

Richtung Norden biegen Sie von der FV- 30 auf die FV- 207 nach **Tefía** zum Freilichtmuseum Ecomuseo La Alcogida ab. Mit der Besichtigung eines traditionellen ländlichen Dorfes endet diese Tour.

51.3 Die perfekte Panoramafahrt im Süden

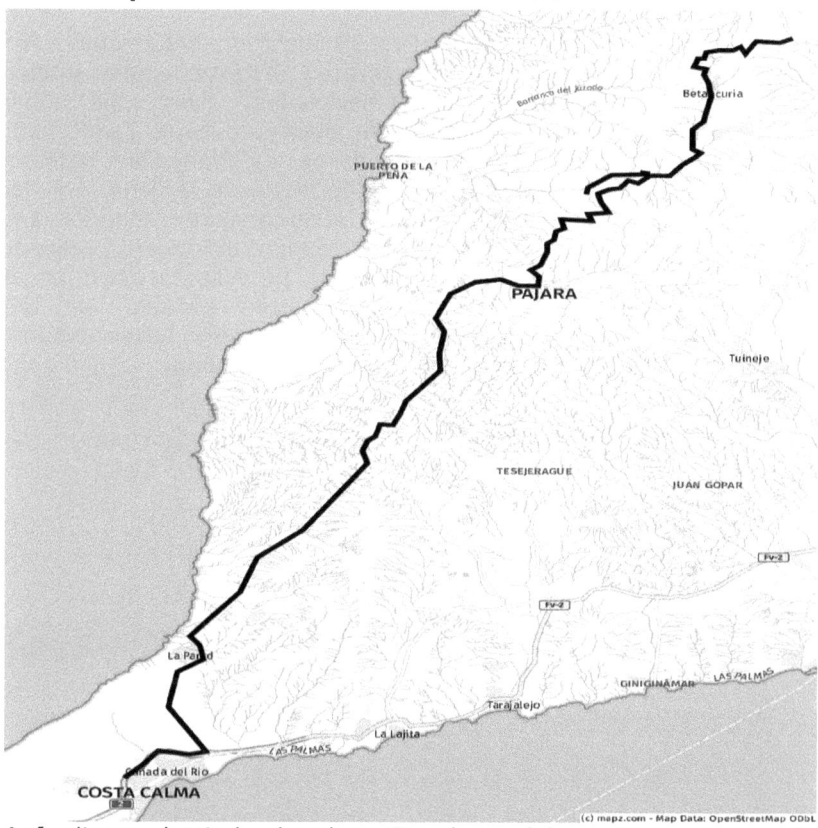

Auf dieser beeindruckenden Strecke erleben Sie entlang der Landstraße die Übergänge einer Sahara- Wüste in sanft umrundete und glatt geschliffene Vulkanlandschaften und unvergleichbaren Aussichtspunkten.

Aus dem Süden kommend, beginnt die Tour von **Costa Calma** aus, auf die FV-605 Richtung La Pared.

Auf der Strecke besteht die Möglichkeit am Mirador Astronomico de Sicasumbre einen Aussichtsstopp einzulegen, oder die Fahrt fortzusetzen. Im weiteren Straßenverlauf kommen Sie an der kleinen Ortschaft Fayagua vorbei, an der auf der rechten Seite überdachte Gewächshäuser stehen. Zur Erntezeit weist ein Schild mit der Aufschrift "Tomaten" auf den Verkauf hin. Dann, nach einer am Straßenrand künstlich angelegten Palmenallee, führt die FV- 605 direkt nach **Pájara**. Hier steht die Kirche Nuestra Señora de la Regla im Mittelpunkt.

Sie folgen der ausgeschilderten FV- 30 Richtung Betancuria. Am Ortsausgang kommen Sie auf der rechten Seite an einem antiken Kalkbrennofen vorbei. Der Straßenverlauf führt Sie über geschwungene Serpentinen durch die atemberaubende Landschaft. Kurz nach dem Straßenschild Degollada de los Granadillos befindet sich die 1. Aussichtsplattform Mirador del Risco de la Peña. Auf der Weiterfahrt treffen Sie auf den 2. Aussichtspunkt Mirador Las Peñitas[2], von dem Sie auf einen von Palmen umrandeten Stausee blicken. Die FV- 30 führt Sie weiter in die alte Inselhauptstadt Betancuria, der Sie einen Besuch abstatten können. Auf der Weiterfahrt zum Mirador de Morro Velosa, liegt der Aussichtspunkt Mirador de Guise y Ayose. Hier endet die Panoramatour.

Platz für eigene Notizen…✐…

51.4 Die Küstentour

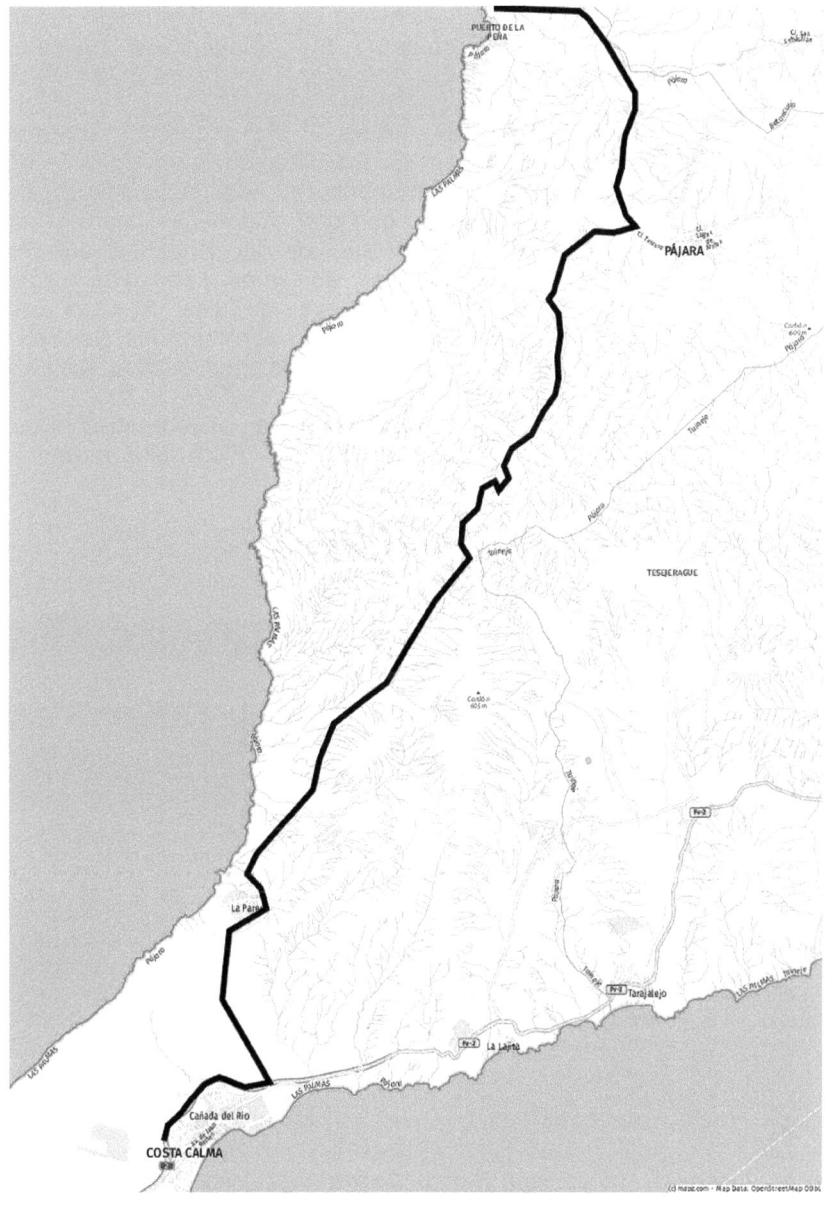

Die Tour startet im Süden Fuerteventuras, in **Costa Calma**. Von der FV- 2 fahren Sie auf die FV-605 Richtung La Pared. Besuchen Sie im Ort die Strände oder probieren Sie Ziegenkäse in der gegenüberliegenden Käserei.

Der weitere Straßenverlauf führt Sie durch schroffe Vulkanlandschaften, am höchsten Berg der Region, dem Montaña de Cardon mit 691 m, zum Aussichtspunkt Mirador Astronomico de Sicasumbre. Genießen Sie die einzigartigen Vulkanlandschaften auf dem Weg nach Pájara und biegen Sie vor der Ortschaft auf die ausgeschilderte FV- 621 nach **Ajui** ab. Hier können Sie am legendären schwarzen Totenstrand Playa de Los Muertos ein Sonnenbad nehmen und anschließend die atemberaubende Fels-Sandsteinküste mit den Kalkbrennöfen und der Höhle, die als Versteck vor Piraten diente, erkunden.
Mit der Besichtigung dieses unvergleichbaren Küstenabschnittes endet die Tour, die Sie mit einem Besuch in den Fischrestaurants vor Ort abschließen können.

51.5 Die Südtour zur Spitze Fuerteventura

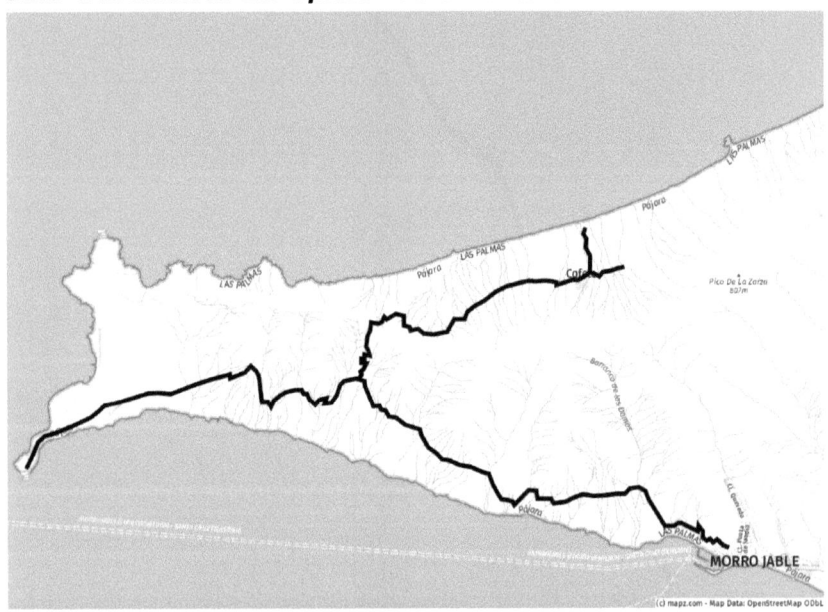

Kurz vor dem Hafen von **Morro Jable** führt von der FV-2 eine ausgeschilderte Straße nach **Cofete** und dem **Punta de Jandía** mit dem Leuchtturm Faro de Jandía. ⌂ FV-2, Ctra. Punta de Jandía-35626 Morro Jable. Die lange Piste geht direkt zur Südspitze Fuerteventuras zum Faro de Jandía, die Abzweigung nach Cofete ist mit einem großen Schild ausgewiesen. Am Pass von Cofete, mit dem Aussichtspunkt Punto de Vista sobre Puerto de Montaña, haben Sie eine fantastische Aussicht auf Cofete und die Barlovento- Küste mit der Playa de Cofete. Besuchen Sie die geschichtsträchtige Villa Winter und spazieren Sie am kilometerlangen Strand entlang. Sie fahren zurück zur Abzweigung von Cofete und folgen dem Straßenverlauf nach rechts, Richtung El Puertito, zum Leuchtturm.

52 Aktuelle Medien

Unter www.kanarenmarkt.de erhalten Sie in kurzer und knapper Form die aktuellsten Informationen über das Archipel.

Alle Ereignisse und Infos über die Kanaren erfahren Sie in der 2-wöchigen Ausgabe der "Wochenblatt" Zeitung. ➀www. wochenblatt.es

Die kostenlose Fuerteventurazeitung liegt alle 2 Wochen im Ausgangsbereich der SPAR- Supermärkte im Süden ab Costa Calma aus. ➀www. fuerteventurazeitung.de

53 Kurzübersicht Märkte- Mercadillos

Corralejo- Centro Comercial El Campanario ✪ 10-14 Uhr, Do+So
Corralejo- Baku ✪ 8-14 Uhr, Di+Fr
La Oliva- Casa de los Coroneles ✪ 10-14 Uhr, Di+Fr
El Cotillo- Plaza Publica ✪ 18-21 Uhr, Fr
Lajares- ✪ 10-14 Uhr, Sa
Puerto del Rosario- Vega Tetir Mercadillo ✪ 10.30-14.30 Uhr, 2. So im Monat, nur März, Juni, Sept.und Dez.
Caleta de Fuste ✪ 9-14 Uhr, Di+Sa
Caleta de Fuste-El Castillo- vor dem Hotel Barceló ✪ 10-13.30 Uhr, Fr
Las Playitas- Playitas Resort ✪ 18-22 Uhr, Mi
La Lajita- Oasis Wildlifepark ✪ 9-14 Uhr, So
Costa Calma- hinter der Polizei ✪ 9-14 Uhr, Mi+So
Morro Jable- Jandía- über dem Robinson Club ✪ 9-14 Uhr, Mo+Do

54 Allgemeine Informationen Kanaren
Apotheken

- Apotheken gibt es in allen größeren Ortschaften. Im Gegensatz zu Deutschland bekommen Sie sehr viele Medikamente hier auch rezeptfrei und deutlich günstiger.

Badesicherheit

- Jedes Jahr sterben auf den Kanaren Menschen beim Baden! Beachten Sie unbedingt, dass der Atlantik in den kanarischen Gewässern äußerst gefährlich ist. Starke Strömungen, Unterströmungen und plötzlich auftretende Wellen mit starker Sogwirkung sind keine Seltenheit. Selbst erfahrene Profischwimmer haben bereits durch Unachtsamkeit ihr Leben verloren. Sobald die rote Flagge gehisst wird, gilt absolutes Badeverbot. Gehen Sie auf keinen Fall ins Wasser, nur weil bereits schon ein paar Leute baden. Bei gelber Flagge wird bereits empfohlen sich nur im strandnahen Bereich aufzuhalten. Wenn Sie Zeuge eines Badeunfalls werden, schwimmen Sie auf keinen Fall hinterher. Informieren Sie, wenn vorhanden die Rettungsschwimmer an den bewachten Badeständen, ansonsten rufen Sie die 112 an. Sie können den Vorfall auch in Deutsch melden.

Banken und Geld

- In allen größeren Ortschaften gibt es Banken bzw. Bankautomaten. Bei Abhebung mit einer Geldkarte fallen allerdings teilweise hohe Gebühren, wie überall im Ausland an. Am besten haben Sie ein kleinen Vorrat an Bargeld mit dabei und zahlen allen weitern Beträge mit einer Kreditkarte.

Bus / Öffentlicher Verkehr

- Die öffentlichen Busse auf den Kanaren werden Guaguas genannt und verkehren regelmäßig zwischen allen größeren Ortschaften. Die Abfahrtszeiten finden Sie direkt an den Bushaltestellen (Paradas). Die Busfahrtkarten sind auf den Kanaren recht günstig.

Diebstahl

- Die Quote von Verbrechen ist auf den Kanaren sehr gering, aber natürlich gibt es auch hier "schlimme Finger". Lassen Sie daher bitte nichts von Wert offen und sichtbar liegen. Im Falle eines Diebstahls oder Verbrechens können Sie mit 112 direkt die Polizei anrufen. Um in Deutschland die Ansprüche bei ihrer Versicherung geltend machen zu können, müssen Sie sich ein Polizeiprotokoll ausstellen lassen.

Einkaufen und Geschäftszeiten

- Auf den Kanaren gibt es keine festen Ladenöffnungszeiten. In touristischen Gebieten sind die Geschäfte oft durchgehend von morgens bis abends geöffnet. Auch sonntags haben diese Läden auf. In normalen Wohngebieten bzw. Großstädten gibt es oft die klassische Mittagspause zwischen 13-17 Uhr.

Feste und Feiertage

- Auf den kanarischen Inseln werden viele allgemeine und inseltypische Feste zelebriert. Auch einzelne Gemeinden auf jeder einzelnen Insel haben zusätzlich noch ihre lokalen Feste und Feiertage. Der Cannario feiert nun mal gerne. Im Gegensatz zu Deutschland werden Feiertage, die auf ein Wochenende fallen an dem darauf folgenden Montag gefeiert. Es empfiehlt sich je nach Insel und Gemeinde vorher im Internet mal zu Googlen. Die Feste sind oft sehr interessant, da diese mit ursprünglicher Kleidung und höchst traditionell gefeiert werden.

Fotografieren

- Es gibt keine besonderen zusätzlichen Regelungen. Wie aber überall auf der Welt sollten Sie die Polizei oder Bereiche des Militärs nicht filmen oder aufnehmen. Ansonsten heißt es gerne beim fotografieren "Feuer frei".

Gottesdienste / Messen

- Die kanarische Bevölkerung ist zum aller größten Teil katholisch und es gibt fast im jeden Dorf eine Ermit oder Kirche. Die Öffnungszeiten sind jeweils an der Kirche ausgeschlagen, obligatorisch ist aber immer der Sonntagsgottesdienst zur Mittagszeit. Da viele baulich interessante Kirchen nur zu Messezeiten öffnen, empfiehlt sich durchaus der Besuch einer Messe.

Mietwagen

- Auf den Kanaren sind Mietwagen schon für einen günstigen Preis zu erhalten. Im jeden Hafen, am Flughafen und auch in allen touristischen Orten gibt es Vermietstationen. Eine Reservierung ist auch bereits vorher über das Internet möglich.

Notfälle

- Die allgemeine Notfallnummer ist die 112 ohne Vorwahl! Hier spricht man auch Deutsch. Wenden Sie sich auch direkt an die Schiffsrezeption, dort sind Nummern von Ärzten, Botschaften, etc. bekannt.

Öffnungszeiten

- In den touristisch erschlossenen Gebieten, sind de Läden meist 7 Tage die Woche von morgens bis abends geöffnet. Auf den Kanaren existiert aber immer noch die klassische Siesta, so dass Geschäfte von 13-17 Uhr geschlossen haben. Da kein Ladenöffnungszeitengesetz wie in Deutschland existiert, werden sie immer einen Platz zum einkaufen und verweilen finden.

Sonne

- Achtung. Die Kanaren liegen nicht weit entfernt vom Äquator, so dass selbst im Dezember und Januar UV Werte erreicht werden, die in Deutschland nur im Sommer vorkommen. Lassen sie sich auf keine Fall von der Bewölkung am Himmel täuschen. Je nach Hauttyp empfiehlt sich also sowohl beim Landgang, wie auch auf dem Schiff Sonnencreme zu benutzen.

Zeitdifferenz

- Die Kanaren liegen in der westeuropäischen Zeitzone (Greenwich Mean Time bzw. GMT), während das spanische Festland oder auch Deutschland zur mitteleuropäischen Zeitzone gerechnet werden. Das bedeutet eine Stunde Zeitunterschied. Ist es in Deutschland beispielsweise 10.00 Uhr am Morgen, so zeigt die Uhr auf den Kanarischen Inseln 9.00 Uhr an.

Zoll

- Die Kanaren gehören politisch zur EU, aber haben seit dem Beitritt im Jahr 1983, bis heute ihren Sonder- Zoll-Status beibehalten. Die Mehrwehrsteuersätze und sonstigen Steuersätze sind geringer, dies führt aber auch dazu, dass die erlaubten zollfreien Einfuhrmengen nach Deutschland deutlich niedriger Ausfallen als gewohnt bzw. so wie eine Einreise aus dem EU Ausland behandelt werden. Da sich die deutschen Zöllner dieser Sache sehr bewusst sind, sind Kontrollen bei der Rückreise wahrscheinlich und können bei Überschreitung der Freimengen zu hohen Strafen führen.
  Empfehlung: halten Sie sich unbedingt an die erlaubten Einfuhrfreimengen. Den aktuellsten Stand können Sie über https://www.zoll.de/DE/Privatpersonen/Reisen/reisen_node.h tml erfahren.

55 Achtung! Badeunfälle

Erschreckend ist, dass jedes Jahr so unendlich viele Urlauber im Atlantik ihr Leben lassen müssen. Teils aus Unwissen, aber auch Überheblichkeit, da sie denken, gute Schwimmer zu sein. Unterschätzt werden die extremen Unterströmungen in diesem Teil des Atlantiks, die auch jeden Profi- Schwimmer zum Verhängnis werden. Nur innerhalb weniger Sekunden kann eine "lustige" Welle zur tödlichen Bedrohung werden. Auch in absoluter Strandnähe, kann sich das Meer schlagartig zurückziehen und eine Sogwirkung entwickeln, der selbst ein ausgewachsener Elefant nicht standhalten könnte. Bewachte Strände mit Rettungsschwimmern, die sich im Ernstfall in absolute Lebensgefahr begeben, um den Badegast zu retten, sind unumgänglich. Tragischerweise sind auch im letzen Jahr unzählige Ersthelfer Opfer des Atlantiks geworden. Im Schnitt verliert jede Woche ein Mensch in den Kanarischen Gewässern sein Leben. Laut der aktuellen Statistik aus dem Jahr 2019 zählen auch 3 Personen dazu, deren Leichen im Meer nicht mehr lokalisiert wurden.

Insgesamt waren es 57 Todesfälle durch Ertrinken im Jahr 2019:

Gran Canaria 20
Teneriffa 14
Lanzarote 10
Fuerteventura 10
El Hierro 1
La Gomera 1
La Palma 1

Nach Aktivitäten waren 63% der Ertrunkenen Badegäste, gefogt von Fischern, Tauchern und Wassersportlern. Bei 75% der Ertrunkenen handelt es sich um Urlauber, darunter 84% Männer und 16% Frauen. Sie kamen aus Deutschland, England, Frankreich, Italien, Norwegen, Schweden, Holland, Russland, Ungarn, Polen und der Schweiz.

56 Stichwortverzeichnis